董明珠

中国工匠精神杰出代表

让世界爱上中国造

刘志则

张吕清 著

北京联合出版公司
Beijing United Publishing Co.,Ltd.

图书在版编目（CIP）数据

董明珠：中国工匠精神杰出代表／刘志则，张吕清

著．— 北京：北京联合出版公司，2016.6（2021.8 重印）

ISBN 978-7-5502-8010-6

Ⅰ．①董… Ⅱ．①刘… ②张… Ⅲ．①董明珠—传记

Ⅳ．① K825.38

中国版本图书馆 CIP 数据核字（2016）第 143756 号

董明珠：中国工匠精神杰出代表

总 策 划｜刘志则

著 者｜刘志则 张吕清

监 制｜李广顺

责任编辑｜牛炜征

策划编辑｜严 春

封面设计｜肖 曼

版式设计｜肖 曼

营销推广｜周莹莹

出版发行｜北京联合出版公司

北京市西城区德外大街 83 号楼 9 层

邮编：100088

经 销｜新华书店

印 刷｜环球东方（北京）印务有限公司

开 本｜710mm×1000mm 1/16

印 张｜16

字 数｜220 千字

版 次｜2016 年 8 月第 1 版 2021 年 8 月第 8 次印刷

书 号｜ISBN 978-7-5502-8010-6

定 价｜42.00 元

人生是不停的战斗：谁识董明珠

有一家企业，专注空调领域不动摇，以"掌握核心科技"为口号，一做十几年，从组装小厂一步步成为业界霸主——它的名字叫作格力。

有一个女人，36岁才从行政岗位辞职，从小小的业务员做起，靠着惊人的执着，不断地与自身、与外界作着斗争，终于带领一家小厂坐上了本领域的头把交椅，自己也成为中国数一数二的伟大企业家——她的名字叫作董明珠。

她，外表更像老师，朴实无华。

平凡是每一个人的基本属性，但总有些人在这一属性之下，掩藏着某种特质——这种特质或许是坚持，或许是追求，或许是要做到最好。然后经过自我发现和发掘，外显成为一种不懈的战斗热情。

……

看董明珠的崛起之路，便是一部不断的斗争史。

1992年肇始，董明珠入职为业务员，开始在安徽拼命地跑市场，并以"先款后货"的方式，在淮南市签下了她人生中第一笔意义重大的订单。空调市场传统的营销手段是"先货后款"，董明珠的"先款后货"完全颠覆了当时商场的规则。这一年，董明珠个人在安徽的销售额突破1600万元，令整个空调界都为之震惊。

随后，作为冉冉升起的销售明星，董明珠被一纸调令派到了国内名牌空调"春兰和华宝"一直在唱"双雄会"的江苏，继续战斗。江苏自古便是富庶之地，也是兵家必争之地。可是偌大的江苏市场，已经被春兰空调和华宝空调牢牢地控制着，格力空调在这里，只有区区300万元的市场份额。

董明珠来到江苏后，依然坚持着"先款后货"的原则，并用极大的毅力将其贯彻了下去。靠着强大的执行力，董明珠再次在南京市场上打开了局面，1993年，她仅在南京一地的空调销售额就达到了3650万元，震惊了无数人。

连续交出两份完美的答卷，董明珠的表现被格力的总经理朱江洪看在了眼里，朱江洪决定给予她更重的担子。其时恰逢一批中层人员加上大部分一线业务员集体离职，导致格力内部出现巨大动荡，正需要强力人士来稳住局面。在征求过董明珠的意见后，朱江洪便将其调回总部担任经营部副部长。

当业务员时，薪水十分丰厚；做经营部长，却只能赚点儿可怜的死工资。两种选择，各有侧重。董明珠选择了后者，一切为了梦想。

新的战斗再次开始。

上任后，董明珠一改当业务员时好好女士的形象，做事开始变得雷厉风行，并在格力内部进行了大刀阔斧的改革。同事们谁也没有想到，曾经好说话的一位大姐会立即来个大变脸，严格执行起了管理制度，并严格要求业务员。

之后，董明珠又十分高调地从朱江洪处要到了"财务权"，以强力的手段推进经营部内部的管理走向规范化、透明化，同时进一步严格规定业务员不许无款提货，更无权调拨产品、超额发货。

一系列举动和规定让曾对董明珠抱有好感的同事们气愤异常。董明珠没有管别人怎么看她，她只一心将改革推进到底——一切为了向前。

有了财权，董明珠迅速开始查账。她发现很多地方，如南宁、江西、重庆等地，都出现了一些不明不白的账。更严重的是，业务员手中掌握的空调库存量怎么也对不上号，公司反映货发出去了，而经销商却说没收到。

问题非常严重。

董明珠也是做业务员过来的，她知道各地仓库大都在业务员手里，他们可以自由处理手中的库存，甚至可以私设账号，将卖空调的钱直接打到个人的账上。

对这些情况了如指掌的董明珠立即下了命令：清理、关闭全国各地格力电器库房，所有账务对清，业务员手中的所有欠款也必须限期追回。

就在这样的高压政策下，格力渡过了最艰难的时期，然后轻装上阵，正式开启了崛起的传奇之旅。

有人曾形容：朱江洪遇到董明珠是朱的福气，董明珠遇到朱江洪是董的运气。

在董明珠的带领下，格力一路高歌猛进，在全球开设了 2000 多家专卖店，并迅速成为国内空调业的领头羊，继而又成为世界空调行业的领跑者。

2004 年，董明珠入选中国十大营销人物。2015 年，《福布斯》列出亚洲商界权势排行，董明珠作为女性名列第四。

至 2014 年，格力的销售收入达到了惊人的 1407 亿元，利润 157 亿元。成为真正的世界级企业。

2015 年，美国《福布斯》杂志发布"全球上市公司 2000 强"排行榜，珠海格力电器股份有限公司位列第 385 位，挺进全球 500 强，并摘取了福布斯家用电器类榜单全球的桂冠。

辉煌的背后必然是数不尽的艰辛，以及一场一场的斗争。

她就像是一把锋锐的刀子，无论什么样的困难都被她一刀切开。

现在，她已然是张口就能拍下 10 亿赌局的女人，世间传闻"不可战胜"的强力女性，每一次发言都能引起轩然大波的争议人士。

有人曾问她：将一生奉献给事业，值不值得？

她说：生活有很多种，只看你选择哪一种。

她选择了不断地斗争。

所以，她站上了巅峰。

不是生来不平凡，而是选择了不平凡。

谁能识，谁能懂……

目　录

第一章　扼住命运之喉

　　和许多人一样，她平凡地出生，平凡地长大，再平凡地结婚生子。然而，一个噩耗改变了她的一生，从此世上少了一个普通女人，却多了一个传奇。

平凡身躯中的斗争萌芽

> 芸芸众生中，每个人都是平凡的，但在这平凡的身躯中，总有些独特的东西，等待着发光的机会。

1954 年，江南古都南京，董明珠降生了。

那个年代，百废待兴，建设的热情高涨，斗争的情怀满溢。

或许就是在这种大环境下，不屈不挠的斗争种子悄然渗入了董明珠年幼身躯的最深处，等待着发芽。

当时，董家已经有了六个孩子，受着"人多力量大"观念的影响，董明珠的出生依然受到了最朴素的欢迎，并获得了"明珠"这样代表着美好的名字。

董家父母那一辈都是不太计较和善良的人，有时候家里做了鸡汤，邻居顺着香味上门来，董父董母就会毫不犹豫地分出一些给他们，而邻居也每每回道：吃过了，我们吃过了！若是碰上许多人一起吃饭，董父董母一般也会把比较差一些的菜扒拉给自己，而把好吃的菜留给别人。

那是段艰苦的岁月，也是个和谐的年代。

在父母潜移默化的影响下，小时候的董明珠和当时许多普通的女孩子一样，乖巧而羞涩、腼腆而温和。

在和别人说话的时候，董明珠总是微笑着回答"好啊""可以""没问题"，几成口头禅。

上学之后，董明珠的表现也很让人放心，学习成绩优异不说，别人找她帮忙时，只要能做到的，她往往二话不说便答应下来。

比如，有次发电影票，有人想带着朋友一起去看，打算多要一张，董明珠便把自己的电影票让了出来。老师写期末总结时，遂在她的评价一栏写下了"性格内向，爱帮助人"等词条。

然而，与世无争的温顺只是董明珠的一面。随着年龄的增长，坚忍与斗争的种子逐渐发芽，并开始不断从其行为中展现出来。

她说话的声音开始变得频率很高，语气中多了一丝不容置疑——"没有我做不到的事！""我是对的！""这样是不对的！"这些带有强硬性质的词语渐渐取代了当初的"好啊""可以""没问题"等字眼儿，成为董明珠新的口头禅。

在和别人说话的时候，经常非要说赢不可，甚至要对方自己认错服输。于是，董明珠多了个"常有理"的外号。她不光和别人"斗"，有时候也会和自己"斗"。

十二岁那年，有一天，班里的辅导员老师通知班上全体同学，当天要进行课外活动，大家都要去游泳。董明珠听了之后，觉得游泳穿得那么少，很难看、很丑，就不大愿意去。等其他人都出去排队后，就剩董明珠一个人留在原地没动。

辅导员老师来到董的面前，给她做思想工作，说：大家都去游泳，你为什么不去啊？

董明珠不好意思说出心里想的，就答道：游不好，不会。

辅导员老师说：你个子这么高，为什么不能去（游泳）？

董明珠听到老师的话，觉得好像是在说她怕困难，好胜心一下子涌出，改口道：那好，去就去！

辅导员老师没想到自己的话居然一下子奏效，松了口气的同时对董明珠提出：既然你愿意去，那到时候我给你找三个会水的来教你游泳，都是能够横渡长江的好手，保证能教会你。

董明珠点头说好。

到了江边后，辅导员老师果然如约找来了三个游泳好手，让他们教董明珠游泳。

三个人一开始的确教了一会儿，但是教着教着，三个人自己的瘾头来了，想要自己游起来过过瘾，于是就对还在水中待着的董明珠说：你在这里等一会儿，我们先去游一圈，待会儿再来教你。末了又嘱咐道：你找个棍子杵着，等我们回来。

董明珠没办法，只好真的杵了根棍子在水里等，结果这一等就出事了。

江水是流动的，董明珠当时毕竟还小，一下子没有站稳，倒在了水里。董明珠站的地方水并不深，只到成年人腰部位置，但对于孩子来说就不一样了，一旦倒在水里，基本上就起不来了。只一会儿，董明珠就差点儿被淹死。

后来，边上一些刚学会游泳没多久的人发现不对，连忙跑来把董明珠从水里捞了出来，这才避免了灾难的发生。

这件事过后，很多人就说董明珠可能以后都不会再游泳了。

这是很正常的判断，人一般要是在某件事上吃了很大的苦头，甚至有死掉的危险，很可能就在心留下阴影，以后都不会再去碰相关的事物。

不过这个定理并没有在董明珠身上奏效，她倔强地想，如果学不会游泳，以后恐怕还会在这方面吃亏，说不定还会被淹死。

于是，董明珠默默地和自己内心中的害怕与担心做着斗争，毅然下决心学会游泳。

之后的游泳活动，她次次都积极参加，并认真地向那些游泳好手学习，多次之后，便真的学会了游泳。

另有一件事，同样展现了董明珠与自身"斗"的特质。

那是一次放学后，在董明珠骑着单车回家的路上发生的事。

当时她靠着马路边行驶，迎面忽然来了一辆公交车。董明珠一下子有些慌乱，身体下意识地就往后仰，脚却不自觉地拼命踩踏板，并保持着一个十分别扭的姿势，好像这样就能避开向她冲来的公交车一样。

结果自行车一直往前窜，到了公交车旁时一下就倒向了一边，董明珠也不出意料地摔在了地上，好在并没有受什么伤。

董明珠倒地后的反应和别人迥然不同，不是去看自己怎么样，也不是去看看四周怎样，而是跳起来，连身上沾上的灰都不管，扶起车子就跑，心中甚至还觉得非常没有面子。

事后，董明珠的心里也并未留下什么阴影，反倒开始反省，并执拗地认为，这一切归根结底是自己骑车的技术不到家，所以，要去抱怨什么，而要总结经验，为什么会摔倒，怎么才能不摔倒，从而把骑车的技术学得更好。

这以后，董明珠逼着自己苦练了一段时间的车技，而类似于这次的摔倒事件再也没有发生过。

就是这样处处不服输的性格，从一件件小事当中显露出来，并在董明珠的性子里一点点儿扎根、生长。

当然，这种凡事都要争一争的性子并未发展成蛮不讲理，董明珠清楚地知道什么时候该争、什么时候该让，所以，她在许多生活小事上仍然保留着随和的态度，而在一些她认为重要的、原则性的事情上则越来越倔强。

这种奇妙的特质甚至影响到了董明珠对未来的梦想。

如同很多那个年代的学生一样，美好的憧憬时时萦绕在董明珠的脑海中，就像是带着希望的幼苗一样，种在单纯的心田里，在她想来，将来最好是能够当一名老师或者军人。这两个职业，一个柔，一个刚，恰好代表着她两种矛盾的性格特质。

很多年后，董明珠坦言：当老师是因为想帮助人，觉得老师特别神圣；

而想当军人则是觉得这个职业可以保护别人，特别崇高和伟大。

帮助别人或者保护别人，即使是在众多的美好品德中也属于难能可贵的品质，在很多文学作品中，通常都能带给人以巨大的力量。董明珠下意识地选择了它们，或许便是想要自己将来能够更加有力量吧。

不过，梦想最后并没有实现，董明珠既没有当上老师，也没能成为一名军人，而是走上了另外的道路。

沉重的与迷茫的

> 成长、结婚、生子,她本以为能平凡地过完一生,不曾想,一场生命中无法承受的灾难降临了,她的生活轨迹自此拐了个弯儿。

带着未能当上军人的遗憾,董明珠继续着她平凡的求学之路。高中毕业后,董明珠考入了安徽省芜湖干部教育学院的统计学专业。她在那里经过几年的学习后,于 1975 年 7 月顺利毕业。

然后,董明珠被分配到了南京一家化工研究所,主要做的是行政管理方面的工作,这一做便是很多年。

那个年代,这样的人生轨迹可以说是非常顺利的,当然也可以说是非常平凡的。

此时的董明珠活在自己的世界中,依旧温柔着、倔强着。

直到有一天,她遇到了自己的另一半。

董明珠恋爱了。

如同那个年代大多数的女子一样,在度过甜蜜的恋爱期后,她与丈夫步入了婚姻的殿堂。

没有什么轰轰烈烈,也没有什么曲曲折折,只是普通地遇见,然后普通地结婚。

婚后,董明珠感到了无比的幸福。

也许，生活本就该这样平凡而普通！

董明珠将自己的棱角悄然藏了起来，并将自己温柔的一面不断放大。

她逐渐进入了一个好妻子的角色，并喜欢上了做家务。每天一下班，她便去买菜做饭，然后把做好的饭菜端上桌子，贤惠地等待丈夫回家。

就如同"一生一世一双人"的真实写照，董明珠期望着日子就此"天长地久"下去。

几年后，时间进入了 20 世纪 80 年代，外面开始发生天翻地覆的变化，而生活在自己世界中的董明珠也迎来了特殊的变化。28 岁的她生下了和丈夫爱情的结晶——儿子东东。

幸福的支撑变成了三个点，日子变得更加快乐与和谐。

董明珠彻底适应了当一个家庭妇女的生活，原本只是为丈夫忙碌家务，现在多了一个儿子，这让她没有空闲想其他任何事，性格中的棱角越发地被遗忘，温柔的举止中更是添加了母性的光辉。

就在董明珠以为她的幸福日子会就此持续下去之时，不测风云倏然降临了。

在她 30 岁那年，儿子东东刚 2 岁的时候，丈夫忽然生了一场病，并迅速地由轻转重。

董明珠为丈夫治病的事情奔波着、操劳着，没想到最终等来的，却只是让人无法承受的病逝通知。

幸福的生活瞬间坍塌了。

对于一个女人来说，丈夫的去世往往意味着失去了家中和心中的顶梁柱。

董明珠带着年幼的儿子，如同提线木偶一般将丈夫的后事一点儿一点儿办完。在这个过程中，曾经的笑容从她的脸上消失了，一切都仿佛变得灰暗，再也没了生趣。

家里人不断安慰着董明珠，老人们有时还会帮忙带带东东，以期减轻女儿的压力与悲伤。

但这改变不了什么。董明珠很长一段时间都沉浸在否定与悲痛中无法自拔——只是想过普通而平凡的日子，为什么却不能够呢？

许多认识的人，对董明珠抱以同情的目光，私下里摇头感叹：一个家庭毁了！

随着丈夫的入土，伤痕上的痛楚渐渐麻木，彷徨又不可避免地产生了：未来的生活该如何继续？

想到此后再没有丈夫可以依靠，幼小的儿子还需要照顾，董明珠不禁咬紧牙关，她将曾经掩藏在内心深处的坚忍唤了回来。

她知道，自己必须坚强，谁说我的家庭毁了的？我偏要一个人撑起这个家来！

厄运来袭，那就扼住它的喉咙。

就这样，董明珠独自带着儿子，一步一步艰难地继续过起了日子。

在生活中默默抗争不幸

> 对不能接受的事情，在度过最初的否定、悲痛阶段后，往往是在抑郁中接受事实。所以，董明珠全身心投入到了对孩子的教育中……

独自撑起一个家是一件很困难的事，对女性来说尤其如此。

根深蒂固的传统观念让许多的女性有依赖思想，人们也普遍认为，女同志就应该在家，在锅台前做饭。

董明珠一直对这种说法嗤之以鼻，失去丈夫后，为了养活自己和孩子，就更需要格外努力工作了。

那时，儿子东东还小，把他放在家里不放心，董明珠只好抱着儿子去上班。

以前董明珠是骑单车上班的，带上孩子后，怕他被风吹着了凉，于是改成了走路上班。她每天早上抱着儿子，花费半个小时到单位；中午回家吃饭；下班后，再抱着儿子花半小时回家，加起来总共有两个小时花在走路上，辛苦异常。

不过，纵然如此忙乱，董明珠也并没有觉得有多么辛苦，上班时的工作都能安排得很好，早晨与中午做饭也是按部就班。

董明珠默默用自己的行动与命运进行抗争：什么也打不倒我，我能行！

日子就这样一天天过去。

儿子东东一点点儿长大，董明珠除了为这个残缺的家庭操劳，其余的精力全部放在了孩子身上，这是她的精神寄托。

因为重视，所以倍加爱护。

当时有"棍棒底下出人才"的说法，大多数家庭对此不假思索，拿来就用，但董明珠没有这么做。

孩子只有一个，打骂绝不是最好的教育方式。

后来有一件事让董明珠明白，什么样的教育才是对孩子最好的教育——那就是在潜移默化中影响他，在平时用自己的行为给予孩子正确的教育。

那是在东东四岁那年，有一天东东放学回来，一副没精打采的样子。

董明珠就问：在学校怎么了？

东东告诉董明珠说：今天在学校，数学老师出了一道题给我们做，全班同学都做不出来，就我给做出来了。

董明珠又问：这挺好啊，你怎么不高兴？

东东回道：后来老师表扬我，让我站起来给同学们看，我起来后，所有同学都看我，我的脸都红了，不好意思抬头。

董明珠奇怪道：为什么会不好意思？

东东支吾了一下告诉董明珠：你不是说过我很丑吗？

听到这儿，董明珠颇感奇怪，后来总算想了起来，自己的确说过这样的话。当时她带孩子去单位上班，有同事见到东东，就夸他长得漂亮、很帅。董明珠就下意识地谦虚道：哪有，丑死了！殊不知，这随口的一句话让孩子记住了，之后，东东就产生了这样一个认知：连妈妈都说我长得丑，那我肯定真的很丑！

了解到事情的原委，董明珠心中震动很大，孩子接触最多的就是自己，不用天天和他强调什么，自己所说的每一句话、所做的每一件事都会受到孩子的关注，所以孩子会不自觉地受到自己的影响——自己平时怎样为人，孩子将来就会怎样为人。

想明白之后，董明珠感到轻松了很多，她后来告诉孩子：我跟别人说你丑，并不是因为你真的丑，你就相当于妈妈的一部分，妈妈当然不能在别人面前炫耀说自己多么漂亮，这样不谦虚，所以只能说自己长得不漂亮。你想啊，别人的孩子长得比你丑，你要是再炫耀自己漂亮，岂不是在打击别人吗？所以做人应该谦虚一点儿。

东东听了这话，总算不再愁眉苦脸了。

解开孩子心结的同时，董明珠感到自己也受到了一次教育：家庭本来就是残缺的，生活也已经这么辛苦，因此，正确的教育方法胜过一切。

所以，为了使儿子东东能够正常地成长，也为了他能够拥有良好的习惯，董明珠彻底摒弃了打骂式教育。

后来有一次，东东不小心弄丢了董明珠一块非常贵重的手表。

董明珠的母亲知道后十分生气，而董明珠并没有做出什么反应。董母对董明珠说：那么贵重的手表，孩子把它弄丢了，你连骂都不骂他？

言下之意就是觉得董明珠在宠孩子。

董明珠答道：如果骂他能把手表骂回来，那我就骂他；但是骂不回来，当然就不骂了。

回过头，董明珠找来东东，告诉他：你这次弄丢手表，妈妈不会说你什么，不过妈妈想让你知道，这是存了很多年的钱财才买来的，很贵重。

母亲严肃的话语让东东知道了自己的错误，后来，他便懂得凡事都要细心一些，甚至每次出门的时候都会把家里的电、水用器等仔细检查一遍。

这件事证明，不用打骂一样可以教育好孩子，董明珠用自己的行动实践着自己所坚持的教育方式。

女人可以有不同选择

辞去稳定的行政工作，南下广东，重新开始人生，向传统的观念说"不"。

时间如梭，如白驹过隙。

在与生活的抗争中，不知不觉又过去了好几年，曾经一直生活在自己世界里的董明珠终于知道关注外面的世界了。

而当时，正是 20 世纪 80 年代末 90 年代初，一个"开放"与"下海"的大时代画卷向世人徐徐展开的时间段。

封闭了这么多年，一旦思想得到解放，枷锁被打开后，人们迸发出的生活激情就不可阻挡。在这样的大环境下，为了看得见的好日子，许多人纷纷投身其中，甚至有机关高层抛弃一切职务进入商海弄潮。

其中，"南下"又成为当时被提及最多的词。因为南方沿海处于东西贸易线路当中，因而在开放大潮中率先成为"前沿阵地"，于是众多精英人士纷纷响应时代的召唤，开启了"向南、向南"的路线。

身处南京的董明珠，眼看着周围许多下海打拼的鲜活例子，心中也产生了波动：回顾过去 30 多年的人生，曾经有着美好的梦想，却在生活的惯性下归于普通！如果丈夫还在，或许就这样普通下去也不错，但是现在只有自己一个人，是否应该去追求不一样的生活呢？

思考的结果是肯定的。

于是，董明珠告诉了家人自己的想法——毫不意外地，遭到了家人的强烈反对。

如果董明珠是男性的话，还不会引起如此大的反弹，因为男性似乎天生就该在外打拼，而女性天生就该在家持家照顾孩子。

家里人用来劝说董明珠的话语也是老生常谈：一个女人家，学什么别人南下打拼？家里还有年幼的孩子照顾不过来呢！再说了，放着稳定的行政工作不要，而去陌生的地方闯荡，世上没有这样的事。

然而，董明珠虽然在大多数事情上很好说话，但是一旦认准了什么，往往就十分执拗。

她想：为什么女人就不能出去打拼？谁规定的呢？孩子已经 8 岁了，在自己这么多年的言传身教下已经颇为独立，为什么就非得绑在身边呢？还有，稳定的行政工作就不能放弃吗？这又是什么道理呢？

董明珠反复问着自己为什么，然后终于明白了自己的面前阻碍来自何方，那就是许多年所遗留下来的传统思想，是千百年来的"女主内"的思维惯性。

这种传统观念像高山一样横亘在董明珠面前，将她和梦想二字完全隔开，如果要坚持自己的想法，就必须直面这种观念。

董明珠不愿退缩，她决定要与这种观念作斗争。

她十分坚决地向父母和兄弟姐妹表述了自己的决心：自己的家庭失去了顶梁柱，所以她就要承担起顶梁柱的作用，男人或者女人的区别应该退为其次，她不会因为女子的身份就放弃出外闯荡的机会，索性不如将她当成一个男子，不仅为她自己，也为整个家庭。

父母见无法动摇董明珠的决定，只好做出让步。

于是，董明珠将 8 岁的东东暂时托付给父母，然后辞掉了化工研究所的行政职位，只身南下打拼。这一年，她 36 岁。

多年后，董明珠对自己曾经的坚决解释说：我和别的女性不一样，从小就有做一点儿事业的追求。

是的，不甘平凡，谁说女子不如男！

当南下的火车响起雄壮的汽笛声，董明珠带着不多的行李正式踏上了追梦之旅。

火车的目的地是深圳，在那个年代，基本上是绿皮车在挑大梁，速度慢不说，车次也少。然而人们要想到远方去，火车几乎是唯一可选的交通方式，所以从车站到车上几乎挤满了人，人山人海和摩肩接踵都不足以形容那种拥堵场面。又因为时代潮流的影响，更加重了这种从北到南的大迁徙。

人们的脸上是各种各样的表情，期待与迷茫共存。董明珠夹杂在其中，显得再普通不过。

在火车上，董明珠找到自己的座位，然后便蛰伏了起来，包里有父母给她准备的一些食物，但她一点儿都没有动，用她后来的话说，在火车上吃东西太丑了，所以宁可不吃！的确，不论何时，长途火车上的环境总是乱糟糟的，真讲究的人往往吃不下什么。

经过不知多少时间的跋涉，董明珠好不容易结束了劳累的行程，来到了自己的目的地——深圳。

她期望在这个窗口般的城市中实实在在干出点儿名堂来。

她相信自己做得到。

第二章　从最初开始改变

　　没有人天生伟大，唯有和遇到的所有困难斗争到底，不断地改变自己，才能慢慢地发生蜕变。

初来乍到

陌生的城市，一切从头开始，董明珠在迷茫中寻找着前路。

1990 年，董明珠带着一腔热情来到了深圳。

那时候，这座与香港一江之隔的城市正处在高速发展的阶段，到处是正在修建的楼房，一些破旧的地块还没来得及褪去陈旧的色彩，与崭新的开发地段形成极为强烈的对比。

矛盾与反差随处可见。

有时前一刻还见到绿油油的菜地以及旁边用油毡搭建的简易房子，下一刻就看到拔地而起的气派大楼。

有时在路上看到慢悠悠的乡民，随后又在热火朝天的工地见到节奏快速的工人。

有时眼前一片空旷，有时满目是拥挤的人群。

……

对于自己即将生活在其中的城市，董明珠发现了许多与自己家乡不同的特质，这让她惶惑又着迷。

在南京习惯了慢节奏生活的自己能够适应这里吗？

头一次，董明珠对自己南下的决定产生了怀疑。

然而已经来到了这里，就不可能再回去了，她的性子不允许如此。

必须做出点儿什么来！

于是，董明珠与众多南下的"弄潮儿"一样，投入了找工作的大潮当中。

一开始，董明珠并不知道自己应该进入哪一行，本着做熟不做生的原则，她在当地的一家化工厂找到了一份行政文员的工作，和她在南京时候的工作差不多。

她想着：先暂时这样安顿下来，等到稍微熟悉一点儿后再做其他打算。

一段时间下来，董明珠找到了一点儿节奏，算是初步适应了新的生活。

随后不久，她到离深圳不远的珠海看望一个朋友，而这一遭行程成为她南下后的转折点。

到了珠海后，董明珠感到了一丝和深圳的不同——既不像南京那么"慵懒缓慢"，又不像深圳那样"行色匆匆"。

"这里让我有种家的感觉，不像深圳那么浮躁，不管怎样，我喜欢这里，喜欢和这个地方一起成长。"董明珠后来如是说着自己对珠海的最初印象。

于是，极有主见的董明珠再次做出一个决定，离开深圳，到珠海来工作！

而且，这一次她找的工作也不再是安安稳稳坐在办公室中做行政文员，而是做非常考验人的营销业务员。

朋友知道后感到很不可思议，说：你为什么干这个啊？你以前又没有干过。

董明珠则倔强地说：我来南方又不是寻求安稳的，有挑战自己的机会为什么不试试呢？

就这样，董明珠进入了一家名为海利的空调厂，也就是格力电器的前身，开始了她曲折的奋斗历程。

而让她想不到的是，就是这么一家名不见经传的小厂，成为她一直所寻找的前路所在，也成了她的梦想所系……

从营销开始挑战自己

> 谁也不知道什么是最适合自己的，所以董明珠遇到挑战便迎头冲上去，行不行干过再说！

海利空调厂作为格力电器的前身，在董明珠刚进去的时候仅仅是一个没有核心技术、不生产零部件、只进行组装的国营小厂。

这家小厂年产空调只有 2 万台，年销售额仅 2000 多万元，在南方众多的企业当中，可以说是比较寒酸的。

由于厂子规模小，全厂上下总共也就 20 名业务员。这些业务员没有保底工资，薪酬靠的是卖掉空调后的提成，比例定为 2%，也就是卖 100 万元才能够提成 2 万元，其中，差旅费和应酬费也包括在里面。

就是这样一份风险极大的工作，董明珠为了挑战自己，一脚跨了进去。

刚开始的时候，董明珠对营销行业完全是两眼一抹黑——既没有理论基础，更没有实践经验。

在一些固有印象中，营销就是男的要上得酒桌，八面玲珑；女的则是要年轻貌美，善打"公关"牌。据说曾有家企业的供销科长，别的本事没有，唯独喝酒是个好手，一顿能干下二斤白酒，因此而获得重用，并为企业斩获了许多订单。

董明珠则和这种一般意义上的业务员没有一点儿相似的地方，她已 36

岁，不算年轻，也不会喝酒，"公关"能力便要大打折扣。

也难怪她的朋友会感到不可思议了，这样毫无基础、毫无优势地进入一个陌生的行当，能和那些商人打好交道？

朋友能看到的，董明珠自然也能看到，对于自己的劣势和所要面对的困难，她都了然于心：有困难才有挑战，没有挑战还做什么事业？

她同时坚信，在营销这个行业中，对产品和商场的适应是次要的，更重要的应该是自己的决心和信念。

因此，董明珠决定依靠自己的坚持和努力蹚出一条道路来。

不过，要真正把产品推销出去并不是一件容易的事情。海利自身本就不是什么过硬的牌子，更何况，90年代初那会儿，很多人并不买空调的账，大家更熟悉的是电风扇。空调那昂贵的价钱使得普通百姓仅将其当作高档次的奢侈品，可望而不可即。

也就是说，空调在当时的主要客户一般都是来自单位、集体。例如，机关、工矿企业和第三产业就占了70%以上，然后则是医疗卫生、科教文单位，而金融保险、邮电气象等单位又很少使用空调了。

这种情况使得推销空调成为一件相对比较费力的事情。

董明珠对空调的未来发展却颇具信心，她通过阅读许多书籍后发现，自20世纪80年代中期开始，全球的平均温度每年都差不多要上升0.1~0.2摄氏度，天气的整体趋势是变热的，再加上国家的发展和人民生活水平的提高，空调进入普通家庭是迟早的事。

当然，光有信心是不够的，还得脚踏实地地去实践。

厂里大概是考虑到了董明珠这个新手的情况，所以让她先和一名老业务员搭档，负责北京及东北市场，以便她在跑市场的过程中学习并熟悉业务。

当时已经是7月，老业务员正在天津，董明珠需要一个人坐火车赶去与之会合。于是，董明珠又一次坐上了拥堵的火车，直接北上。

火车上依然闷热异常，令人十分不舒服，董明珠仍旧觉得一个女的独自在火车上吃东西不好看，就这么坐在位子上饿了一天多。

下车后，董明珠感到有些难受，整个人昏昏沉沉的。在她和前来接车的老业务员说了几句话后，症状更加明显，甚至开始冒虚汗。

董明珠抚着额头告诉老业务员：不行，我有点儿不对，得先歇会儿。

老业务员很有经验，一看董明珠的样子就说：你这大概是中暑了，跟我走，先带你找个有空调的地方住下吧！

考虑到要节省住宿费用，他们在街上跑了半天才找到一家比较便宜的旅馆。

在旅馆柜台前进行入住登记时，董明珠已经快到极限了，不光手抖得厉害，汗珠像水一样往下流，两脚也绵软无力，像是踩着棉花。她费劲地将表格推给老业务员，说：头晕得慌，请帮我填一下。

说完，董明珠就想到待客沙发上坐一会儿，还没走两步，她就感到天旋地转，一下子晕了过去。

老业务员等人连忙上前将董明珠摇醒，但是她仅仅恢复了点儿意识，虽听得到声音，却没办法说出话来。

董明珠在别人的搀扶之下，进了房间，然后一头倒在床上睡了过去。

第二天黎明，她的情况才有所好转，只不过昨天摔到的地方有些不适，按下去则感到刺骨地疼。

董明珠忍住痛，想要尽快开始工作，结果走起路来却是一拐一拐的。

老业务员看不下去了，说：你这样不行，还是在这里休息两天吧！我先去北京，等你好些了再跟过来，如何？

董明珠摇头拒绝了他的好意，她本就是新来的业务员，要是碰上点儿伤痛就歇菜，以后还怎么和人搭档？

最后，董明珠还是坚持跟着老业务员等人去了北京。

到了北京后，他们先去了专门的制冷展示厅，那里有很多空调摆着。老业务员迅速进入角色，和展厅的经理谈起了生意。

董明珠则有心地观察起了周围的空调品牌，发现品种非常多，囊括了海内外众多知名牌子。然后，她就站在老业务员后面听他如何推销，好学上一学。

老业务员赔着笑脸，希望展厅经理多签一些单子，而展厅经理则摆着架子说：你们海利的东西其实一般般，不过只要放在我们这里，肯定能给卖出去，把你们的货拿来代销吧！

所谓代销，就是把东西放在他那里由他们展厅代卖，事后抽成。当时空调行业属于卖方市场，这么做实属平常。

从这次的推销当中，董明珠明白了一个小小的诀窍，那就是做业务不要管那么多，就是鼓励客户多签单，签得多，最后落实的也不好意思太少。

两天后，董明珠继续跟着老业务员去跑东北市场，目的地是沈阳。

一路过去后，董明珠发现自己之前的伤痛一点儿都没减轻，反而有加重的趋势。老业务员一看这样不行，于是带着董明珠去了他同学母亲的一家医院检查。

拍了片子后才发现摔得还真是严重，居然是骨裂！

由于骨裂的位置不方便打绷带，所以她只能靠卧床休息来恢复。

董明珠对此感到有些气闷，做业务员以来，尚未挣到钱，开销反倒多了许多，然而这是她自己选的路，所以只能咬牙坚持下去。

接下来的日子，董明珠每天只是多睡一点儿，跑业务坐火车也只能买卧铺。

好在这样的日子没有持续多久，后来，她找到一位中医治好了病痛。

这一次在北京和东北市场的营销跑动，算是给了初入行的董明珠一个下马威，让她首次尝到了这一行业的艰苦。

不过，董明珠总算凭着自己的执着坚持了下来，这是对她想要挑战自己决心的一种回应，也是她不屈的斗争精神的继续。

往后，董明珠慢慢地进入业务员的角色，她如同尾巴一样紧紧跟着厂里给她安排的老业务员，对方去哪儿，她就跟着去哪儿；虚心而又用心地，学习着老业务员在各种营销中的细节。

时间长了，甚至还有人误会董明珠是老业务员的对象，实在叫人啼笑皆非。

经过一次次和老业务员跑百货商场、跑经销商店，董明珠渐渐地积累了不少经验，后来，她开始试着独立去跑业务。在向那些门店的经理们推销的时候，董明珠往往也能从自家空调的功能、和其他空调的对比乃至材料等方面一一道来，说得头头是道。

大半年后，董明珠不仅完成了 300 多万元的单子，而且对空调安装过程中的各项事宜也了解得七七八八，不管是房间面积、所处位置、配置功率还是型号、使用与维护等，都能够做到如数家珍。

如此，董明珠算是在营销行业当中初步立足。

与欠债者斗法

就像一个不会游泳的旱鸭子突然到了水中扑腾，在拼命挣扎中，董明珠展露出了她隐藏在柔弱身躯当中的某些天赋。

由于初步展现出了营销上的能力，恰逢安徽市场需要得力的人手，于是海利空调的领导用一张任命书将董明珠从北调到了南，让她负责接手安徽地区的营销工作。

接到任命书后，董明珠内心中既有喜悦又掺杂着忐忑。

她想道：不懈地努力终于获得了承认，并得到了更大的发挥空间，但是，安徽作为经济比较落后的地区，在空调仍被视为奢侈品的当下，自己能在那里挖出多大的潜力呢？

随后董明珠就抛开了所有的悲观想法，无非是新的一轮挑战而已，继续保持着斗争之心就是了。

带着这样的心态，董明珠来到了安徽。

在这里，首先需要解决的问题是向一个欠债者追债，这是一件十分考验人能力的事情。

当时，有着这样一个惯例，就是某些企业要推出自己的新产品，必须给商家"先发货、后付款"的优惠，否则便没有店面给它卖产品。由此就给了一些经销商钻空子的机会，他们不去关注市场如何，而是整天想着如何利用企业急于卖掉产品的心理获得不正当的利益。在此过程中便产生了压货、骗货等情况，更导致产生了无数的三角债和纠纷。

要想在这样混乱的环境中生存，很多企业就要求自家的产品推销员拥有追债的能力，而追债能力越高，越被认为是优秀的业务员，甚至还有不少媒体对那些追债能手做过表扬式报道。

董明珠遇到的债务情况是由前任业务员留下来的，同样是先货后款带来的后遗症。其中，合肥当地的一家经销商拖欠的42万元货款迟迟无法收上来，多次催促也无济于事。

其实董明珠完全可以不用管这笔糊涂账，毕竟这是前任的失误，与她并没有什么关系，只要按照通常的做法，完成她自己的任务就万事大吉了，这对她、对别人都好。

但董明珠做出了另一个选择，那就是不考虑自己的利益，以集体为先，将追债的责任扛了下来。她心中隐隐还有一个想法，就是想借由这件事来对自己做一个考核，看看自己是不是一个合格的业务员，到底适不适合吃营销这碗饭。

欠债的公司是经营电子产品的，门店规模挺大，临街的商铺有200多平方米，装修豪华，员工众多。

董明珠初次上门，对此最大的感觉就是气派，然后便是感慨，一线的经销公司果然最注重门脸，这或许也证明了这家公司应该是资金充足的，有着催款的价值。

追债是一个苦差事，若是不能找对人，就很难取得进展，所以董明珠一开始就决定，跳过这家公司底层的工作人员，直接去找他们的总经理。

不过，董明珠并没有意识到，她将要见到的是个怎样的人。

越过来来往往忙碌着的员工，董明珠被接待员带到了商铺的后面，那里是总经理办公室所在。

在办公室当中，一张班台式办公桌后面坐着一位略显富态的中年人。

这位便是公司总经理。接待员告诉董明珠。

董明珠还是第一次以追债人的身份与人打交道，经验全无，内心也忐忑不已。她开始按照事前的准备来做，先是递上了自己的名片，然后按部就班地做起自我介绍：我是海利空调厂安徽区的新任经销人员，这次来……

中年老总皱着眉头打断董明珠的话头：海利的？我跟海利的人有过来往，但从来没见过你啊？

董明珠回答说：原来的业务员调走了，我是接任的，以后请您多关照。

哦！中年老总不置可否。

董明珠继续按照自己准备的流程来，先是了解了一下海利空调在这家公司的销售情况，然后是其对海利产品评价如何。

寒暄完毕，董明珠开始进入实质性话题，说：我毕竟是接任的经销员，对两家之前合作的情况不太清楚，所以能否进行一次核实，对对账，把以前的债务该清的清掉，然后清晰透明地重新开始，怎么样？

董明珠终于将追债的事情用尽量委婉的方式说了出来。她的心中略有些紧张，就看对方什么态度了。她也知道，对方第一次很可能不会给予友好的回应。

果然，中年老总脸上露出夸张、惊奇的表情，噼里啪啦一阵抢白：你说对账？你知不知道，我代销的都是几百万、上千万的产品，就在我这里，从来也没谁敢说要对账，看你就是新手的样子，根本不懂这行的规矩。告诉你，做生意就是你给我货，我这儿卖出去了再付钱给你，还需要对什么账？

纵然心中有所准备，董明珠仍然被这一通仿佛教训什么都不懂的小辈的话给噎住了。不过，她毕竟是来追债而不是来吵架的，强行按下心中不满的情绪后，便继续赔着笑脸说：如果不对账，产品卖出去多少、库存又有多少，我就没法了解，我们要根据这个在全国调整配额，并不是针对您……

中年老总不耐烦地摆摆手，再次打断道：现在市场不景气，你们海利的东西质量也就那样，根本就卖不动，哪有什么账可对！

连续几次被打断话语后，董明珠心中很是不满，而且，她是顶着大热的太阳走了一公里的路程过来的，累且不说，而且口干舌燥，而对方连一杯水都懒得给她，可见对方是有多么不待见她！

这难道就是欠债的才是大爷的真实写照吗？

董明珠没有充分预见到这样的情况，只能徒劳地做着争取：可是我要做业务，一定得把账目弄清楚，不然岂不是糊里糊涂地……

中年老总忽然失去耐性道：我还有会要开，今天就到这儿吧！

董明珠无奈，对方摆明了不想再谈下去，于是，她只能站起来告辞。

临走前，董明珠仍然以礼貌的语气留下一句话：我还会过来的，只要把账目搞清楚，相信我们会有好的开始。

坚持不懈——缠斗

> 初次交涉以失败告终，董明珠第一次遇到这种情况，怎么办？很简单，按照她的字典，那就是：继续和欠债者斗下去！

万事开头难，这句话可以理解为开始着手做一件事很难，也可以理解为事情在初始阶段会充满困难。

董明珠确定要接下追债的责任后，追债这件事就毫不意外地向她展现出了冷酷的一面。

这反倒激起了董明珠的斗争之心。

难道真的追不回来债款？我偏不信这个邪！

随后的几天，董明珠发扬了一个业务员的执着精神，每天都去那家欠债的电子公司拜访，还是直接找到那位中年老总，然后不厌其烦地讲道理。

中年老总不愧是在商场中摸爬滚打了很久的老油条，对董明珠的"纠缠"也不做出太多反应，要么做出一副倾听的样子敷衍了事，要么干脆就拿着一张报纸装聋作哑。

其间，有时会有员工过来汇报工作，董明珠便适时停下来，自己给自己倒杯水喝，等其员工汇报完毕后，又接着再和总经理磨。

就这么连续"缠"了好几天，也并没有获得太大的进展。而每过一天，董明珠的情绪就低沉一分。

此前她一直是个比较腼腆的人，这几天的连续"纠缠"已经完全超出了她的行为习惯，每天几乎都是与对方从白天一直耗到下班，却看不到什么成效。

如果一直这样下去，还怎么做事呢？

终于，董明珠忍不住了，决定不再对那位老总客气。

她在又一次上门拜访之后，先是照例给对方讲了半天道理，而临近下班之时，中年老总也仿佛约定俗成一样，用"有生意要谈"的理由下了逐客令。

于是，董明珠爆发了，摆出摊牌的架势，说道：你们拖欠的 42 万款项并不是小数目，你要知道我们厂里许多工人就指着这点儿货款养家糊口的！

中年老总则轻描淡写地回答道：40 万算什么，有人给我 300 万的货我都没付钱呢！你急个什么劲儿？

董明珠一听这纯属无赖的话语，顿时气坏了，说：我不管别人，我们海利的货在你这儿卖，卖出去了就给我们货款，没卖出去就把货还给我们！

中年老总见董明珠发飙，语气不由得软了下来：这个，公司最近资金周转比较紧张，缓两天行不行？

董明珠毫不理会他的借口，气愤道：你不是说我们海利的产品卖不出去吗？与资金周转何干？到底是卖不出去，还是卖出去了不给钱？

中年老总被董明珠的气势给压得说不出话来，随后干脆拿出了拖字诀：这会儿也说不清，改天再谈吧，我待会儿还有个会，就不陪你了。

说着，拿起包就走。

董明珠再一次被晾在了办公室。

对方的行为摆明了是要耍无赖，归结起来就是一个字——耗！反正是在他的地盘，看谁耗得过谁！

董明珠依然没有放弃，第二天接着去中年老总办公室找他。

然而对方竟然又开始玩新花样，干脆躲开不见董明珠了。董明珠问该公司其他员工他们的总经理去哪儿了,得到的回答是可能开会去了,再问什么时候回来,被问的员工不耐烦地说:老总的事情我们下面的人怎么知道?

董明珠无奈,只能在其办公室苦等。

结果直到下班也没有等到人,公司里的一个员工还特意过来问她,下班关门了,你还不走,难道要我们留一个人陪你?

董明珠忍住心中的气,一声不吭地走了。

在回去的路上,董明珠越想越觉得心情不顺,欠债还钱明明是天经地义的事,为什么有些人就是能搞得这么麻烦,为什么有些人就是要耍各种各样的无赖,还毫无心理障碍,甚至心安理得?

这绝对不是自己错了,而是对方所奉行的"规则"有问题。

想到这里,董明珠性格中的倔强爆发了,就算对方躲着她又如何,她可是认准了一件事就决不会罢休的,这是一场比拼耐心的对抗,她相信自己的韧性绝对不会输!

于是,在追债的道路上,董明珠决定豁出全部,咬牙坚持下去。

不畏复杂的人心

> 坚持斗争是一件非常艰难的事情，这间会有着令人防不胜防的人心算计。这种时候，要有生受下来仍不退缩的勇气和毅力。

尽管欠债公司的老总躲起来不见人，但是董明珠依然每天去他的办公室等他。对方的公司就在这里，肯定会有不少事情要处理，她就不信对方会就为了躲她一个人而放任事情积压下去！

皇天不负有心人，某一天，中年老总大概以为许多天过去，追债的人已经走了，于是施施然出现在了办公室，结果就被守株待兔的董明珠给堵住了。

看到董明珠还在，中年老总脸上的表情十分精彩——讶异中带着尴尬。

董明珠也不管对方多么难堪，噼里啪啦讽刺道：您真是大忙人，比国务院总理还忙，见您一面居然这么难，开个会也要开这么长！

中年老总打着哈哈说道：没办法，就是这么忙。

董明珠见对方居然脸皮厚到自称很忙，顿时气坏了，说：为了找你，我这几天跑了多少趟，你知道吗？

中年老总口不对心地赔笑道：那你辛苦了。

董明珠也不愿纠缠有的没的，立刻回到正题：无论如何，请您把货款给我结清了吧！对您来说，这不过是小钱，但对我们这个小厂来说则是救命钱,工人们就指着回款开工吃饭呢,您就行行好吧!

不知道是董明珠的话起了作用,还是因为被缠得没办法了,中年老总终于松口道:成吧,我算是服了你了。

董明珠见对方有服软的迹象,心中才好受了一些,然而正当她要松一口气的时候,对方却话音一转,说:只要你们再给我这儿送50万元的货来,我就给你把以前的货款给结了。

什么?再送50万元的货?

董明珠愣了,对方的话听起来很美好,只要继续给货,就给打款。事实上,如果董明珠这么做了,等于在公司规定当中做出了新的单子,对她个人是有益的。但是,这很显然是一个美丽的陷阱,照着对方如此糟糕的信用,若是真的再发了50万元的货,对方很可能不但不会结清以前的款,而且连新货的款也会一并赖掉。

这就像是博弈论中的沉没成本谬误,人们在做决策的时候,往往会考虑过去的投入,从而继续在同样的事情上面继续加大投入。事实上,这是一种思维误区,到最后,新的投入也会一并陷进去且无法收回。

董明珠倔归倔,脑子还是非常清醒的,在心中盘算了一会儿后,便想明白了其中的问题,然后说道:这样吧,你先把以前的货款给我结了,这样我让厂里给你发50万元的新货也好说一些。

中年老总本来就是耍心眼儿,哪里可能真的愿意先付钱,于是做出生气的表情,坚持要求给了新货才给结清旧款。

而董明珠已经认清了这位老总的真面目,也毫不退让地坚持要先结算再发新货。

就这么,两人互相争执着,气氛就此僵住了。

随后,董明珠醒悟过来,自己的目的是要拿回货款,绝对不能和对方这么斗气,对方就是想要逼自己生气发火,自己若是真的这么进了圈套,和对方大吵起来,那一切都完了,不仅对方会立刻借机拂袖而去,事后还能把所有责任全部推给自己，说自己态度恶劣，给双方公司的合作蒙上阴影，等等。

想到这儿，董明珠强迫自己收拾好心情，然后转变斗争策略，既然在货款上面僵持住了，那就从自己厂里曾经发过来的产品上面想办法。于是她改用商量的口气说道：按您说的倒也不是不行，不过，能不能先让我看一下以前发过来的货还剩多少？

话说得很平稳，实际已经做好了收回剩下的货品的打算。

中年老总十分狡猾，回道：剩下没卖出的那批货其实有问题，都是别人不要的。

董明珠不为所动，坚持道：有毛病没关系，我正好把东西拉走，也省得占用你的库房，岂不更好！

中年老总找不到其他的借口，只好妥协道：好吧！你非要看的话就明天来吧，今天保管员不在。

说完又溜走了。

这顿时让董明珠张口结舌，这人简直滑不溜手，连问都没问就拿保管员不在忽悠她，把她当成傻子耍吗？

回去之后，董明珠开始对自己这段时间的追债行动进行反思和总结。很显然，她初次负责一个地区就遇上了一个不讲商业道德的无赖，这人从头到尾就是在敷衍甚至忽悠她，根本就没有付清货款的打算。而且，据私下了解，这家公司还和别的几家厂子有货款纠纷，信用堪忧。

接着，董明珠苦苦考虑有什么解决办法。上告法院这一条路飞快地划过她的脑海，随即又被她否决掉了，打官司是最无奈的办法，还往往会陷入无休无止的扯皮中，就算最后打赢了，也肯定是得不偿失的。

最后，董明珠下了决心，货款肯定没戏了，干脆将所有精力放在收回剩下的货品上面，能收回多少算多少，好歹可以止损，就当是买了个教训，以后不再和这样的公司合作就是了！

　　之后的几天，董明珠走起了下层路线，找到那家公司的销售人员，打听海利的空调在他们仓库当中的情况。

　　经过寒暄与套话，董明珠终于了解到了真实情况。

　　原来，海利的货有些由于其保管方式粗放而多有损坏，而且他们自己还使用了一些日子，之后才堆到了仓库当中。

　　知道这些后，董明珠强压住胸中的怒火，更加坚定了追回货物的决心。

　　董明珠开始在中年老总的办公室打起了"持久战"，而这一回的目的是等所谓的保管员。

　　如此几天之后，中年老总被缠得实在没法做事，只能妥协，带着董明珠去他们的仓库看货。

　　到了仓库后，董明珠可谓大开眼界，一家做经销的公司竟然能把库存做得这么烂，不仅东西摆放得毫无条理，有些甚至都没了外包装，而且没有对各种电子产品进行归类，只是随意地堆放在一起，简直比垃圾堆还不如。

　　看着仓库里的货物，董明珠能够想象到自家的产品会是怎样一种情况，心急火燎之下，她便亲自上前翻拣起来。

　　经过一通折腾，她终于看到了海利的货品。

　　只见它们被压在其他的货品下面，如同之前了解到的一样，不少都拆了封，一看就是使用过了的，好在点了一点后总算还有一些没有开箱。

　　董明珠转头看着旁边一副无所谓态度的中年老总，提出要将这些海利货品全部拉回去。

　　中年老总面无表情，也没有回话。

　　董明珠急道：这些已经是旧货了，堆在你这儿也占空间，我拉回去后，对我们今后的合作也有好处。

　　中年老总貌似想了一想，抽了支烟，然后竟然同意了：好，你明天来拉货吧！

　　董明珠被中年老总平静的态度弄得十分疑惑，但是从其脸上完全看不出什么异常来，当时正是傍晚，也叫不到拉货的车，董明珠只能接受对方明天拉货的提议。

可惜，她还是小瞧了中年老总的狡猾程度。

第二天，董明珠一早起来就联系了一辆车，然后直奔公司而去。谁知，那家公司竟然大门关闭，没有开张。打电话一问，居然说国庆放假，休息三天。

如果是国有单位，说国庆放假是没问题的，但是卖东西的商家都是赶着节假日做生意的，哪有可能放着钱不赚反而放假三天的？这明显是在针对追债的董明珠了。

这让董明珠心中充满了挫败感，人心的复杂在这一刻向她露出了恶意，尽情地嘲笑着她的天真。

一时间，她有些不知道该怎么办才好，自己的努力和坚持难道都是在做无用功？难道黑与白在这一行完全不重要？还是说只有昧着良心才能在这一行混出头来？董明珠一度有种想哭的冲动。

回到旅馆，董明珠脑子里依然一片空白，她的内心在不断地进行着天人交战，一边在说：算了吧，这笔债本来就不该接手过来，何苦非得把责任往自己身上扛？十几天的时间够做多少其他的单子了，在这里不仅浪费时间，更是浪费金钱。而另一边则针锋相对：不为自己考虑，也得为单位考虑，这和值得不值得无关，一个人若是决心挑战自己、证明自己，不断地拼搏是必需的，而不是遇到困难就怀疑自己、怀疑一切。

就这样，左思右想了一个多小时，董明珠的情绪渐渐地平静了下来，内心的挣扎也分出了胜负——后者战胜了前者。她重新恢复了坚定，她相信自己不是在做无用功，坚持没有获得结果说明坚持得还不够，行百里者半九十，很多时候再拼尽全力坚持一下，或许胜利就会在下一刻出现。

为此，董明珠重整旗鼓，打算择日再战。

不服气，斗到底

> 世界上大多数的成功者都是偏执之人，这句话或许稍显夸张，但是，大部分人最后的胜利的确来自坚持、坚持、再坚持……

国庆三天时间，那家电子公司不开门，董明珠也不能干等着什么也不干，因此，她只能暂时放下这边的事情，去其他地方与别的客户打交道。

国庆一过完，董明珠便立刻回到合肥，再次踏上"软磨硬泡"的征程。

在那位中年老总的办公室中，仍然是没有见到其人，对方用的还是"躲"字诀。

这一点在董明珠的意料当中，既然认定对方是个什么都做得出的无赖，出现这种情况自然属于"正常"。而董明珠也只好用老策略，就是"磨"，每天待在他的办公室当中，就如同这家公司员工一样，准时准点"上班下班"。只要那位老总有不得不处理的事情，就必然会出现，就看什么时候能等到了。

就这样很多天过去了，中年老总终于又出现了。

董明珠立刻冲上前去，责问他为什么明明答应让她拿货，却又爽约，现在碰上了，总可以取货了吧？

中年老总慢条斯理地推托说：想取货还是没问题的，这不是没车嘛！

董明珠冷笑一声，早料到对方会找借口，于是用一句话将其堵了回去：我在外面已经叫好了车，就等着货呢！

中年老总大概也没想到董明珠如此难缠，开始强词夺理：并不是他不想退货，实在是手下人不同意，毕竟要少数服从多数，还得给很多人做思想工作。

这就纯属瞎说了，事实上，董明珠在之前"泡"办公室的过程中，曾经找这家公司的一位女会计聊过，得到的信息是，他们也觉得过意不去，但是一切都得由老总做主。

看，明明是这位老总拥有决定权，偏偏将责任推到员工头上，以达到其赖账的最终目的。

董明珠对此忍无可忍，怒吼道：你作为总经理，你当面同意让我拿货，怎么能说话不算数？好，那现在你走到哪儿我跟到哪儿，直到拿到货为止，我说到做到！

中年老总被董明珠凶狠的表情吓住了，服软道：好吧，明天就退货给你。

又是明天？！董明珠完全不信，最终逼着中年老总反复保证之后，这才带着一丝不安回去了。

那天晚上，董明珠辗转反侧，近乎失眠，这些天的追债带给她极大的精神压力，她担心明天等来的又是别的花招。

在压抑与祈祷中，第二天终于到来。

董明珠一早便找了辆载重5吨的东风卡车，直接冲到了那家电子公司的门口。

好在这一回对方没有耍什么花招，乖乖地让人打开了仓库大门。

或许那位中年老总也被董明珠持续不断的"骚扰"给弄得心力交瘁了吧！

在仓库当中，董明珠仔细地找着自家工厂的空调，然后和请来的搬运工一起将这些空调往卡车上面搬。

搬运过程中，董明珠几乎是咬牙切齿地使出全力，仿佛要将自己受的气通过这种方式发泄出来，因此，就算再累她也不愿意歇一歇。

或者是因为许多天下来积累的情绪太多，最后董明珠甚至将一些明显不是海利厂的空调也往卡车上搬，而且充满快意地想着，对方做初一，自己就做十五，人家能将旧的报废货说成新货，那自己就能把不是自己的货充当补偿。

直到感觉装上车的货物大概能抵得上 42 万元货款了，这才罢手。

这期间，董明珠的心一直悬着，生怕旁边的中年老总反悔，做出什么意想不到的举动来。以中年老总之前的表现来看，这并非不可能，这种在生意场中摸爬滚打成了老油条的人往往是什么事情都会做出来的。

好在上天保佑，一直到装完车，都没有别的意外发生。

随着东风货车缓缓驶出电子公司大门，董明珠一直紧绷的神经终于放松了下来，随后，眼泪也情不自禁地涌出。一种复杂的委屈以及如释重负的情绪占据了她的身心，她忍不住从车窗中探出头，用尽最后的力气冲着中年老总喊道：从今往后，再也不跟你们做生意了！

声音中，是一种心力交瘁的决绝！

活了 30 多年，董明珠第一次知道这个世界的人心是如此地复杂，人与人之间的不同竟然会到这种程度。她用她白纸一般的眼光看待他人，却被回以无边的酱色、黑色而导致自己伤痕累累、斑驳不堪。

这是对她思想观念的一种冲击，是对她过去经历的一种强烈撼动。

坐在车上，看着历经千辛万苦追回的货物，董明珠可谓百感交集。

整整 40 天的斗争，期间不知道遭了多少白眼，跑了多少冤枉路，又有多少个夜不能寐。即使是在根本看不到希望的时候，她也强忍住了流泪的冲动，但是当终于成功收回了货物时，当事情能够圆满画上一个句号的时候，她终于忍不住哭了。正所谓：伤心不在专注时，事了方觉泪决堤。

同车的司机一边开着车，一边有些奇怪地看着这个情绪不稳的女子。

董明珠感觉到司机的目光，才意识到自己有些失态，连忙擦掉眼泪，说：回珠海，路上不要停。语气中想做出镇定的样子，不过很显然，她的强装失败了。只见司机呵呵笑着说：珠海离这儿有两千多公里，中途不停车、不吃饭、不睡觉，你想累死我呀？

董明珠先是愣了一下，思绪这才真正回来，想到自己和司机的对话，不禁"扑哧"一声笑了出来。一个简单的笑话，仿佛一下子将她心头的乌云打散，雨过天晴！

过去了，都过去了！

过去的事还管那么多干什么？总归是没有白忙活，这便足够了。

一切还是要向前看。

行驶在去珠海的公路上，一路平坦无阻，车子轻微地颠簸着。尽管条件不太好，没有床也没有空调，董明珠却十分安心地、沉沉地睡去了，这也是她来到安徽 40 多天后睡得最安稳的一次。

回到珠海后，卸货、送去检测，又是一番忙碌。

这一检测，发现拉回来的这些货物中，居然有 20 多万元的旧货是完全报废的，如此算起来，等于这次讨债行为还是亏了的。

对此，董明珠心中又情不自禁地涌出愧疚的情绪，尽管知道这并不是她的责任，但是她还是习惯性地将责任揽到自己身上。这样的给自己找不是的性格说不上好还是坏，说坏是容易让自己很累，说好是因为这很可能转化为鞭策自身前进的动力。

当然，损失是事实，但也并不会让董明珠否定自己所做的一切，甚至可以说，在与赖账者的斗争中，作为一个毫无经验的新手，董明珠是打了一个漂亮仗的。除了在现实处世上的收获外，还有更多心灵上的磨砺，增强了她在营销这条路上继续走下去的信心，因为她从追债的事情中确认了一件事：她是一个合格的业务员，是做营销的料。

最后，董明珠仍然延续了从前的行事特点，也就是事后总结。她认为此次追债经历所带给她的深刻教训是：不管发展前景多么好的企业，如果多次遇到这种难追债的情况，绝对无法避免被拖垮的命运。所以，要做一名合格的销售人员，首先学会的应该是如何面对复杂的人。

第三章　继续战斗

第一场战斗建立了信心，而第二场战斗则是真正的战斗，是对自己坚持的方式的检验，是与顽固的市场陋习的坚决对抗。

在改变中坚持

> 一个人蹒跚学步时的步态是笨拙的，也
> 是容易被人遗忘的，但一个初涉商海者的脚
> 步是令人终生难忘的。

花了 40 天时间，董明珠费尽心思地进行追债行动，其间充斥着愚弄和欺骗，也让她付出了本不应该付出的辛酸和泪水……

至于是否值得，对于董明珠来说已经不重要，这次经历更多是一种历练，关乎的是人生和成长，而非其他。

应该说，此次从珠海回到安徽，董明珠可谓经历了一次巨大的转变。刚来安徽的时候，是一种新人对有挑战性目标的踌躇满志，既有不安与惶惑，又有兴奋与热情。

然而所有这些情绪都在现实面前碎成了一片片，40 多天的磨炼，董明珠明白了梦想和现实的巨大鸿沟，她明白了开发市场、独立销售的艰难，心情也在各种意想不到的打击下变得沉重。

当然，她也从其中获得了一些宝贵的经验。比如，她深刻地认识到，货款不清犹如一切工作当中的毒瘤，不仅会让销售员的正常业务难以推进下去，给其造成巨大的心理压力，而且会给企业带来沉重的包袱。当时恰有不少原本风光无限的企业栽倒在这个问题上面，最终落得倒闭破产的下场。

好在一切都过去了，虽然过程曲折，但董明珠总算明白了今后自己将用什么样的方式走自己的路，那就是决不接受"先货后款"的方式，从根源上杜绝货款不清的发生。

这也是一个传奇销售员崛起的开端。

解决了追债问题，下一步便是正式对安徽市场进行开发了。

当时，市场上又出现了一些新变化。为了占有市场，厂商之间的关系得到进一步地明确，商家承担的责任也就是厂家所承担的责任。

新的变化带来了新的挑战与问题，董明珠不得不进行了冷静的思考。

或许，要想真正在安徽这个地方打开局面，应该找准合适的切入点。董明珠如是想到。

然而切入点该怎么找？

别看安徽是一省之地，然而和那些开发程度高的地区不同，这里各项工作之间的链条都并不完善，甚至存在断裂、碎片化的情况。如果不能找到一条能够贯穿所有因素的主线，那么工作将很难开展下去。

所以到最后，董明珠确定还是要从经销商入手。

必须找到优质的且信誉好的经销商，通过这些具有真正经营头脑和商业意识的经销商，将安徽市场串联起来，然后才能真正地"敲"开这里的大门，继而彻底打开安徽这一地区业务的局面。

这等于和之前的债务问题合为了一个问题。

由于被之前的债务问题弄得焦头烂额，为了避免今后再次陷入这种糟糕的状态，董明珠决定谨慎地选择经销商，所以她花了一定时间对整个安徽市场进行了一番考察。

首先是在淮南市场。

"海利"这个品牌在淮南地区尚有几家客户，相比其他一点儿基础都没有的大片"荒芜地区"，还有些着手之处。把产品放在他们那里代销，好处是可以省下不少精力，而且能通过了解代销情况来思考下一步该如何开展工作。

不过，现实总是会持续给人以打击。

董明珠在拜访过淮南地区的几家客户后，发现他们居然大都对"海利"产品没有什么印象，还有少数对"海利"的服务大为不满。没错，作为"海利"为数不多的合作者，对经过自己手中的产品大都是心里有数的，想不起来"海利"的牌子，或者抱怨服务差，说明"海利"在产品及服务方面的确做得很糟糕，或者说，压根儿就没做什么工作，以致带给人的除了没印象就是坏印象。

事情糟糕至此，自然得想办法挽回。

董明珠于是带着她那颗经受过磨砺的大心脏，强撑着笑脸一家一家地前去解释推销，希望能够从这些经销商处找回一些分数。

可惜，这番努力也是做了无用功，每一次都是乘兴而去，悻悻而归。

曾经的客户那里走不通，怎么办？

那就找没有用过"海利"的经销商试试吧！失败了不过是再次收获拒绝而已，万一成功了就能得到新的用户，为什么不去做呢？

于是，董明珠真的就找了一家此前从未代理过"海利"空调的商家——一家主要做冰箱生意的卖场，附带卖空调。

仍然是直来直往的策略，董明珠直接找到了对方的经理说明来意。

在听完董明珠的自我介绍后，对方经理倒也没有因没有听过"海利"的牌子而立刻拒绝，而是十分公式化地说：产品好坏还是得看看，是骡子是马拉出来遛遛，先拿几台货过来吧！

听到这话，董明珠敏感的神经一下子提了起来，她小心翼翼地问道：那么，采用什么方式结算呢？

对方经理略显奇怪地回答：当然是你们先把货拿来，等卖出了再给你们结款啊！接着，他又指着其他厂家的空调说：你看别的厂家都是这样，其中也不乏大厂，春兰、华宝还给了我许多其他的优惠……

听着对方经理毫不遮掩地介绍，董明珠心底一沉，果然还是这样。

这些年来，随着市场的威力渐显，一切以市场为导向、生产型企业的日子越发艰难，其他的空调厂家为了能够将产品卖出去，可谓无所不用其极，什么条件都敢开给经销商。而春兰和华宝都是大厂，尚且需要这样巴结经销商，加上它们家大业大，也承受得起这样的代价。

海利此时只是个仍在为生存挣扎的家电小厂，自然是不能和此时空调业的巨头春兰与华宝比的，它们开出的优惠条件对于海利来说也是无法给出的。而且之前已经吃够了先货后款导致的货款不清的苦头，董明珠也不愿再来这一茬。

所以，她连连摇头说：我们是先付款后发货的。

对方经理愣了愣，在确定自己没有听错后，摊了摊手说：那您还是去找别家去吧！

这就是没得谈了。

董明珠无奈，只能起身离开。

接下来的时间，董明珠又陆续与其他一些商家进行了商谈，可惜，无一例外地都是要求先货后款，至于董明珠先款后货的提议，往往刚刚说出来就被斩钉截铁地拒绝了。

既然连续多次都得不到想要的结果，那么，就意味着过程是有问题的，或者是最开始的策略不对。到底该怎么办呢？若是不能解决这个问题，好不容易选定的切入点就完全没有了意义，而若找不到问题的症结，再跑十家百家也无济于事。

董明珠对此进行了深入的思考。

自己坚持先付款后发货的思路应该是没错的，这是解决货款不清的最根本途径，是几年后良好发展的基础，而如今市场上充斥的所谓"规则"实际上是扭曲且不合理的。明眼人都能看到，其最后导致的定然是各地市场价格体系的混乱，继而对整个市场造成巨大的破坏。但是，看到归看到，仍没有人真正想着去改变，他们更关心的是眼前的利益，或者说如何在市场上生存下去，乃至更好地生存下去，至于市场是否被破坏，那是以后的事。

何等地鼠目寸光！

那么，自己要不要顺应"潮流"呢？自己只是一个小小的业务员，为什么要去管那么大的事情呢？只要跟别人一样，好好赚钱不就行了吗？

这种想法刚一产生就被董明珠否定了。她放弃家乡安稳的工作来到南方闯荡，不是为了来与别人"同流合污"的，她的梦想也决不允许建立在一摊淤泥之上，她要为自己负责，也是为公司负责！这一次的困难权且当作对自己的再一次检测，看看自己有没有能力将自己的坚持贯彻下去，有没有毅力把自己的销售方式推广开去。

既然没有别人去改变市场的陋习，那就从我开始好了。这是属于自己的斗争，既与强大的习惯力量斗争，也和自己斗争！

坚定自身的信念后，董明珠继续思考具体的策略。

总结汲取了前几家失败的教训，董明珠仔细回忆自己的说话方式，以及对方的神态和语言，最后发现，自己应该挑选合适的说服对象，同时在讲话时要掌握一定的主动权，最好能通过对方的反应做出应对，而且，自己的性子可能太直，表现在说话时语气显得有些硬，在关键的时候，自己可以适当地柔和一些，在某些并非原则性的事情上退让半步，也许能取得更好的效果……

思路越想越明确，董明珠沉闷许久的心终于重新放晴。

多日的挫折总算不是一点儿用处都没有，至少可以让自己更好地继续前进。

接下去，就是对自己想法的检验了！

突破与进展

> 困难像弹簧,你弱它就强,而当你下定决心排除万难之际,转机就在不经意间来临。

董明珠再次踏上了拜访经销商的道路。

她选择了一家看起来比较顺眼的电器商店。

站在装修齐整的店面门前,董明珠深吸一口气,这是关键的一战,一定要沉住气,不到迫不得已,决不能放弃。

然后,她稍稍整了整仪容,迈步走进了商场。

依然是直奔经理室,董明珠总是如此直接。

在那里,董明珠看到的是一位与她同样的女性。见此,董明珠心中莫名有了一些信心,相比那些男性经理,女性应该是要更好打交道一些的,或许也更加有共同语言一些,这是否意味着此次的行程有很大的希望呢?

怀着期待和忐忑,董明珠坐在了女性经理的对面,简短地介绍了自己以及来历后,就按照既定的掌握话语权的方针,使出浑身解数向其讲解自家空调的优点,包括质量过硬和用户放心,等等。

因为对这次说服行动极为看重,董明珠甚至使用了一些自己并不擅长的小小话术,说只要进"海利"的产品,保证能够赚钱。

女性经理果然如董明珠所想,脾气较为温和,她年龄已是中年,微胖,面相亲和，这意味着她会是一个优秀的倾听者。但这并不代表她就是一个能够轻易被说动的人，偶尔从眼中闪过的精明证明她的确有着身为商场经理的素质。

所以在微笑着听完董明珠的一番推销言辞后，女性经理便慢条斯理地说：你说的我都了解了，不过说得再多也不如实际看一眼，不如先拿 20 万的货来试试吧！卖得好的话就多进一些，如何？

听了这话，董明珠的心顿时凉了一半，这与前面几家经销商的说辞几乎没有什么不同，说白了，还是要先货后款。

最后还是绕回了最根本的问题上。

怎么办？

董明珠强压下了起身走人的冲动，难得遇到一个看起来较好说话的女性负责人，如果这次不成功，或许以后再也遇不到更好的机会了。于是，她迅速让自己冷静下来，并开始反思自己。

自己所推销的"海利"品牌本来就是没什么知名度的，别人要求先货或许也有着不信任的因素在里面？就好像任何人对陌生的东西都有本能的警惕之心，这也无可厚非，因此，自己应该试着从打消对方的防范心理入手，而且，自己事先也做过了退让半步的预案，为什么不试试呢？

大概是同为女性的关系，董明珠感到自己面前的女经理应该是可以信任的。为了不使自己的这次行程落空，她态度诚恳地向对方陈述：我们厂里的规定是先付款后发货，不过，鉴于我们是第一次打交道，您有所顾忌很正常。我凭直觉认为您这个人比较可靠，所以，我这边政策上可以放宽一些，您先付一半的款，我立刻将货送来，如果卖不掉的话，我给您退款。

董明珠尽量让自己的语气真诚一些，但仅凭这些还无法彻底消除对方的顾虑。女经理依然有些不放心，问：我此前并没有和你打过交道，那么，你用什么来担保你说的是真的呢？

话说到这儿，算是触碰到实质性内容了：看在女性的分儿上，我并非不信任你，但是你得拿出让我信任你的基础来！

董明珠听出了其中的意味，想了想，终于咬牙保证说：您可以把任何您觉得不放心的地方提出来，然后咱们白纸黑字签订合同，只要在文字上确定下来的，我愿对此承担法律责任！

说完这话，原本的一切忐忑反而消失了，董明珠竟意外地平静下来，然后坚定地看着对面，等待回答。

女经理感受到了董明珠话语中的执着，开始认真考虑了起来。

在等待的间隙中，董明珠默默地在心里祈祷着，如果能够得到一半的货款，至少也算是一定程度上的成功，代表着自己在践行"先款后货"的道路上迈出了重要一步，但愿对方能够答应下来。

短暂的沉吟之后，女经理重新抬头看着董明珠，这代表她已经做出了决定。

董明珠正襟危坐，侧耳倾听，仿佛在等待宣判。

只听对方轻笑着说道：分两次付款太麻烦了，还是全款 20 万元吧。

这一刻，董明珠感到女经理的声音是那么地动听，仿若仙音。这是多少天以来她所听到的最好的消息了，居然比自己预想得还好，不是半款，而是全款！这或许充分证明了她的坚持没有错、她的反思没有错，待人以诚也真的能换来信任！

因为结果超出自己的预想，在这之后，董明珠一直处于一种晕乎乎的状态，就像是脚踩在棉花上，茫茫然有点儿不真实的感觉。直到女经理掏出支票签下 20 万元并递给她，她才回过神来——事情是真的！

拿着支票，董明珠感动得无以言表，不住地向女经理道谢。

女经理点了点头，认真地说：董小姐，我信了你的话，希望你能信守诺言。

……

走出这家商场后，董明珠感到天空都变得更蓝了，成功后的感觉是如此地美好。回想从北方调到安徽以来的经历，一路是多么不容易：从追债开始做起，耗费了近一个多月的时间，直到现在才算是拿到了第一张支票，做成了第一单真正意义上的生意。

董明珠从内心深处感激着女经理，并暗暗下定决心：他人投我以桃，我也要报之以李。女经理是个好人，她给予了我信任，我就要在后面给予她加倍的服务来回报。

是的，虽然生意做成了，但并不代表就此结束了，对于有着强烈责任心的董明珠来说，后续的工作同样重要。

正是有着这样的想法，回去将货发到淮南后，董明珠为如何将这些空调卖出去继续奔波着。为此，她多次跑到女经理的商场，与其一起分析市场，然后讨论应该怎样根据市场的情况做出合适的调整。

当时，作为一家年产量仅有 2 万台的小企业，基本上是没有什么知名度的，广告也完全做不起来，要想在这样的条件下把海利空调卖出去，难度可想而知。

然而困难总归是要解决的，董明珠考虑到自家空调目前展示给外人的途径太过于单一，仅仅放在商场里摆着，其他什么也没有，缺乏其他手段佐助，如此是很难让人产生购买欲望的，就好像断案讲求孤证不立的道理，商业上宣传自身的途径过少也很难立足。

但是一时半会儿也找不到其他太好的渠道。左思右想之下，董明珠决定还是用传统办法，也就是发动商场里的员工，将产品推荐给他们的亲朋好友，然后通过这些人使用过后的口碑，以使用者的现身说法来打开局面。

俗话说，能够流传下来的传统方法，往往也是比较有效的。

没用多长时间，先期送过来的 20 万元的空调居然全部售罄，曾经卖不出去的担心顿时烟消云散。

受到这样利好消息的鼓舞，女经理后续又找董明珠进了一批货，并且主动告诉她：一切还是按照上一次的流程来，先款后货。

付出的辛苦有了结果，董明珠感到十分高兴，这是一个良好的开端，她知道，自己走在了正确的道路上。以后，在向其他的经销商推销"海利"产品的时候，董明珠也有了现实的绝好例子可以展示，只需直接将女经理这家电器店的情况表述一遍，就胜过了千言万语。

这也是为什么会有"万事开头难"的说法的原因，咬牙跨过开头的难关，之后再做什么事情就有了立足的基础。

随后的情况，一切都越发地喜人。

因为有了"榜样"在前，事实也证明了海利空调不错，于是其他一些经销商从原本的观望当中走出来，董明珠顺势将一张张订单签了下来，然后拿到了第二张、第三张、第四张甚至更多的支票。

至此，曾经一片黑暗的安徽市场被打开了一个缺口，局面开始转好！据后来的统计，1992 年当年，董明珠所主攻的安徽淮南片区销售额达到了 240 万元，业绩甚至超过了某些省。

芜湖攻略

> 斗争不等于蛮干，需要掌握一些斗争的
> 技巧，找到一点突破口，然后一举拿下。

淮南市场的成功给了董明珠极大的信心，这表明发展程度低的地区同样有着巨大的需求，潜力值得深挖。

于是董明珠将目光瞄向了新的地方——芜湖，一处新的征战之所。

相比淮南市场，芜湖的情况并没有好出多少，同样一切都是陌生的，同样面对的是没有什么基础的境地，同样需要从头开始。

当然，还有新的不利因素，那就是时间上不如在淮南市场上那么充足，因为夏天即将过去，售卖空调的最佳时期所剩不多，如果在芜湖耗费太多时间，就没有时间跑其他市场了。

所以，像打开淮南市场那样一家家商场跑的方式是不可能再使用了。

那么，又该如何做呢？

董明珠权衡各种条件后，十分果断地做出了决定，在芜湖当地选定一家大型的影响力也较大的商场，来个中心突破！

恰好，在芜湖正好有这么一家符合条件的商场。

此目标商场乃一家"国字头"单位，规模也是芜湖市最大的。若是能够搞定它，那么芜湖的市场就等于打开了一半以上。

定下目标后,接下来就是找到切入点去和他们打交道了。

好在还有一点利好消息,那就是这家商场此前曾经销售过海利的产品,属于"关系户",这比完全陌生的情况要好一些,至少打交道的时候不会两眼一抹黑。

依然是直接找上门,依然是直接找到商场经理,董明珠直来直往的风格从未改变。

见到商场经理时,仅仅从面相上,董明珠就对其有了一定的直觉判断,认为这是一个谨慎而又老实的人。显然,在业务员的位置上磨砺一段时间后,董明珠开始显露出了她适合这个职位的天赋。

对商场经理的性格做出大致猜测后,董明珠继而凭此推断,此人的经营方式应该是走求稳路线的,也就是说,他不会有太强烈的开拓市场的魄力,不会表现出太过旺盛的热情,在保持现状的情况下小幅发展或许就是其最高追求了。

有了基本的判断后,接下来需要做的就是据此来真正说服这位商场经理了。

董明珠心中飞快地分析着,思索着面对这样的经销商该如何说话、态度应该定在什么水平。最后确定,既然对方是谨慎又较为实诚的人,那么最好不要绕弯儿,通过开门见山的方式打消他的顾虑,取得他的信任,或许才是最适合的说服手段。

秉持着坦诚的原则,董明珠与商场经理展开了交谈。

随着谈话的深入,董明珠获知了对方对海利品牌最大的顾虑,那就是欠债问题。而这回还与以前不同,欠债的变成了海利一方。

商场经理甚至满脸不悦地问董明珠:我们商场是有信誉的,以前拿货从来没有少给你们一分钱,你们欠我们的钱却迟迟不能到位,这让我非常难办。

董明珠听到如此"情况",连忙询问详情,这才弄清楚怎么回事。原来,在董明珠来之前，代表海利空调驻扎此地的前任业务员因为工作中的一些疏忽，将应付给这家商场的款项给拖延了下来。

了解了事情始末后，董明珠立即以十二分的认真语气告诉商场经理：您请放心，我这就回去查看账目，如果您所说的情况属实，我一定将欠款补给你们。

说完，她就风风火火地赶了回去。

到了办事处，董明珠立即往总部拨电话，要求调出芜湖的账目。经过一阵折腾，总算查清了事情缘由，那家商场的经理所言非虚，海利的确欠着他们一笔款项。

于是，董明珠又马不停蹄地将欠款交给了那家国营商场。

董明珠高效的还款举动以及诚恳的态度打动了老实的商场经理，原本的不满和顾虑顿时消减了大半，由此也愿意坐下来认真和董明珠谈未来的生意了。

大概因为还款行为的影响，商场经理对海利的信任度有所上升，在几个回合的谈判之后，不仅与董明珠签下了订单，甚至还与董明珠一起分析芜湖市场的走向态势，探讨应该采取何种销售手段。

获得了芜湖市场上的这笔重要订单后，董明珠悬着的心总算放了下来。

很快，商场订下的货就发到了芜湖，由于事先的分析与准备较为充足，董明珠和国营商场经理能够十分从容地使用预定的方式售卖，在较短的时间内就让海利的产品获得了不错的销售成绩，品牌知名度也随之获得了较大的提升。

在 1992 年这年夏天所剩不多的时间里，仅仅这家国营商场就卖出了价值 100 多万元的海利空调，创造了一个不小的奇迹。

行动在铜陵

> 铜陵的推销行动同样充满艰辛，需要与许多不利条件斗智斗勇。

在淮南和芜湖取得的突破，对于董明珠在整个安徽的销售工作来说不啻于是黎明前从黑暗中射出的几道强光，有着极为重要的意义。

当然，要说在安徽市场上最关键的一战，还是发生在铜陵的那一场。

铜陵在改革开放前曾以铜矿闻名，有着不错的工业基础，如今又新成立了工业开发区，众多家属楼围绕着工业中心而建，属于典型的工业导向型城市。这样的城市与一般的城市有着许多不同，居民结构上也有着自身的特点，所以，在这里做销售工作时，等于面对的是新的销售环境，以前的手段往往就无法在此奏效，还需要因地制宜，做出相应改变。

董明珠来到铜陵，接手的就是这种要求平地起高楼的摊子。

董明珠一边思索着如何将"海利"产品推销出去，一边径直去找一家以前和海利有过合作的商场。

无论采取什么样的销售手段，经销商总是绕不过去的，所以董明珠索性先找人，其他的再慢慢考虑。这属于时间不充裕情况下的统筹规划，能够获得较高的工作效率。

这家商场是主营医疗机械的，曾代销过海利空调，当然，也存在着一些货款账目不清的情况。

董明珠上门后，第一件事就是希望对账，将以前的债务全部清掉，无论是哪方的债务，这是应有之义。自从淮南和芜湖的经历证明了她的路子行得通后，她便打算坚定地在自己认为正确的这条路上走下去，这是基础、是基石，关系到她的销售理念和未来的体系，所以必须优先解决，然后才能谈其他。

而医疗机械商场的经理听了董明珠的要求后，脸色不出意外地变得十分难看，用一种十分不友好的口气讥刺董明珠：你说对清欠债？谁欠你们的债？是你们海利欠我们债吧？给了你们钱却不发货，你们是怎么做事的呢？

董明珠被这一通抢白弄得有些蒙，一边在脑海里飞速地回忆账目的情况，一边急急地回道：不会啊，应该是你们搞错了吧？我记得我们给你们发过货了，而且比你们给付的款项只多不少……

对方却十分不耐烦地说道：我们是大公司，怎么会出错？肯定是你们的错，不发货就退钱，这没什么说的吧？

对方态度如此恶劣，董明珠很想就此与其辩个明白，但是她知道她不能这么做，因为她现在是业务员，她的目标是从对方手里清款并拿到订单，一旦从感性出发，那这次行程就彻底完结了。

所以，董明珠只能耐着性子，试着用更加缓和的语气顺着对方的话头说道：是的是的，谁都有可能出错的，说不定真是我们的错，咱们对一下账怎么样？对完账就知道是什么情况了……

董明珠以为自己的态度已经相当退让了，但是对方显然并不这么认为，只是摇着头继续拒绝道：不行不行，我哪有那个时间陪你慢慢查账！

听到这样的回答，董明珠差点儿一口气没有顺过来，她再次强压下心头的郁闷，继续用温和的语气劝说对方：要是不对账的话，怎么知道出错的具体情况呢？要真是我们海利的错，一旦对账对清楚了，我们这边立刻就会给你们补货，这对我们双方不是都好吗？

一番苦口婆心的陈述，有情有理有据，对方经理不好再摆出不合作的态度，于是语气稍稍平和了一些，并改用一种诉苦的方式抱怨说：你们海利的货真的不好卖啊！我这仓库里还有一堆积压着卖不出去呢！不是我说啊，你们的品种就一个窗机，既单调又没有知名度，和春兰、华宝等牌子根本没得比，它们牌子响、品种多，要是你你会如何选择？

话题一下转到了品牌对比上面，董明珠没法说什么，只能选择点头继续倾听这位经理的苦水。他也仿佛找到了倾诉对象，如竹筒倒豆子一般将做空调时遇到的许多琐事一一讲了出来，比如用户买空调要交什么增容费，还得申请，在各个部门来回跑办手续，烦琐无比，也麻烦无比，其间免不了看别人脸色，生意太难做，等等。

董明珠对空调售卖当中乱七八糟的事多少有些切身体会，便顺着对方的话题聊了下去，气氛竟然一时有些和谐起来。而董明珠从接下来的话语中也了解到，商场是贷着银行的款项的，所以对欠款的问题有些敏感。

由于事情都说开了，董明珠也知道了对方并非故意为难人，相反，从一些细节中，她还推断出对方应该是个比较有原则的正派商人，有了这样的判断，董明珠知道自己该怎么做了，那就是持续以自身的诚意与对方交流，让对方放下戒心，并使之看到双方合作的前景。

于是，这次之后，董明珠又多次上门拜访，经过坚持不懈的努力，总算是将以前的债务问题给全部解决了。

横亘在双方之间的拦路虎被扫除后，接下去自然是要谈合作的问题了。

董明珠经过多次与之打交道，也大致摸清了对方的性子，所以直接就问：现在我们互相有了一定的了解，是不是可以谈一谈新的订单问题了？

对方经理事实上也在多次交流中明白了董明珠的为人，所以很爽快地就应了下来。

就这样，董明珠在这家商场经理的手上获得了铜陵地区的第一笔订单。

值得一提的是，在争取这家商场的订单时还发生了一件很有意思的事情。

当时，老牌子陕西"宝花"也派了一位业务员到这家商场来推销产品。和董明珠不同，那位业务员是一位青年男性，30岁左右，是个典型的勤劳"工蚁"的形象，其做业务的方法也和董明珠一样，每天准时到商场来"报到"，孜孜不倦地刷着"好感度"。

据董明珠私下里了解到，宝花在这家商场的年销售额大概有100多万元，和自家海利每年仅仅二三十万元的销售额不可同日而语。

宝花的业务员凭着男性的优势，再加上本身也能说会道，经常和商场经理出去吃饭喝酒。而在中国，酒桌上向来是最好的谈话场所，酒酣耳熟之时，话题就很容易打开，原本难办的条件往往也能不经意间得以通过。

和宝花的业务员比起来，董明珠的劣势很明显，她烟酒不沾，也不习惯和别人一起吃饭。于是只能用最普通的方法，不停地施展"磨"字诀，在商场经理面前"刷脸"。

当然，董明珠也并非一点优势也没有。身为女人，在经理那里施展不开，但是商场里的营业员都是女的，这就让董明珠看到了曙光所在。因为商场当中站在一线推销产品的毕竟还是这些女性营业员，她们对某个品牌的喜好程度实际上也决定了一定的推销力度，比如，若是她们对某品牌有认同感，那么碰到顾客来买空调的话，她们定然会不遗余力地向顾客推荐这个品牌，众口一词之下，很容易就在顾客的脑海中形成一个印象：营业员对各个牌子的产品肯定都是比较了解的，她们都一致推荐的，那么应该是质量比较好的。生意很可能就这样在不知不觉中做成了。

带着这样的认知，董明珠开始走起了"下层路线"，她在很短的时间内就和商场的女营业员打成了一片，有时候还和她们站在一起当起了临时推销员，一遍一遍不厌其烦地向顾客介绍和推荐海利空调。

不懈的努力最终换来了奇迹般的成果，到了年底对账的时候，大家发现海利的销量竟然比知名品牌宝花还要高，弄得宝花的业务员听到这个消息的时候差点儿惊掉了下巴。

关键之战

> 一次关键性的战役有时会决定一个地区局
> 面的好坏，因此无论如何慎重对待都不为过。

在向那家医疗器械商场推销空调的过程中，经理曾经向董明珠大倒苦水，抱怨说空调生意太过麻烦，客户用电要交增容费，要办审批，实在是吃力不讨好。而董明珠在附和着对方的同时，脑海中灵光一闪便产生了一串模糊的念头。

空调作为白色家电，在整个家电家族当中其实是相当特殊的，因为它不像冰箱、洗衣机一样买回去就能用，必须经过一番烦琐的安装过程才能真正工作，加上家用空调起步很晚，产品质量一直是个问题，耗电量也很大，一度被划到"奢侈品"的行列。在20世纪90年代的中国，到处都在闹用电荒的情形下，为了保证科研单位、医院的正常运转，空调被划入审批范围也是应有之义。

而划过董明珠脑海中的念头就是，若是让供电局控办这样的部门直接经销空调产品，岂不会省掉很多麻烦？

董明珠并不知道，这个一闪而逝的念头会成为接下来彻底打开铜陵市场的关键中的关键。而董明珠作为一个做事雷厉风行的人，在离开那家商场之后就将这个念头付诸行动，她直接"杀向"了当地的供电局。

其实，当时有一个对董明珠很有利的背景。改革开放以来，下海经商的热潮席卷了整个中国，许多国家机关和特殊部门也热火朝天地投入了这个大潮中，为了给本部门创造效益，纷纷搞起了"实业"。所以，董明珠看似天马行空的念头也并非无的放矢。

来到供电局的门口，董明珠立刻就找到门卫打听"实业部门"的事。幸运的是，这里的供电局的确有这么一个部门。

顺着门卫的指引，她来到了装修很气派的"实业产品"营业厅。董明珠看着里面摆着的各种家电，包括一些空调机，心里充满了喜悦。有空调就好，这说明和这里的供电局开展合作是有可能的。

随后，董明珠又走近细看这里的空调产品，转了一圈后发现，空调这类产品的确是有了，但是问题也不小，不仅品种稀少，外观、质量上也不尽如人意，价格还比外面的高一截，这样的货品能够卖出去才怪！

看样子这回很可能有戏，想来是供电局一向强势惯了，在生意场上不懂得转圜，所以别人也不会把好货拿给它。若是能抓住这个机会，说不定真就能在这里撬出一道缝来。董明珠一边在空调产品间转悠着，一边如是想着。

营业大厅里的那些女营业员一个个好奇地看着董明珠来回地踱步，时而抬头时而低头，不知道在想什么。这些营业员大多是供电局职工的家属，并不能指望有多么专业，所以大多都只是看着而已。在当时来说，安排职工家属进入"实业部门"实属平常，那叫解决职工的"后顾之忧"，而所谓的实业部门有时也叫"三产部门"，发展第三产业以反馈本部，同时还能分流人员、调整利润。

董明珠知道不能等待对方主动，遂上前做了一番自我介绍，接着便开门见山地打听这里的经理的去向。

然而这些职工家属出身的非专业营业员第一反应并不是做出回答，而是以一副怀疑的表情看着董明珠。

这里顺便说一下董明珠的装扮，她的背上是一个旧得发黄的书包，脚下蹬的是一双磨损得有些起毛的旧球鞋，乍一看上去，根本不像业务员，倒像一个乡村女教师。也难怪会被人用另样的眼神看待了。

无奈之下，董明珠只好把工作证拿出来作为证明。

女营业员们仔细检查了半天证件的真假后，其中一位年龄稍大一些的中年妇女才迟疑地告诉董明珠：要找经理得去楼上。

得了确信后，董明珠立马就风风火火地直奔楼上的经理室而去。

见到经理后，出乎意料的是，其人态度表现得十分和气，与董明珠想象中的"衙门"做派完全不同，并未仗着自己"官商"的身份颐指气使，这也让董明珠心中安定了不少。

见过面、做过简单介绍后，董明珠与对方经理分坐对面，开始了正式的生意谈判。

只见对方经理笑呵呵地给董明珠倒了一杯茶，然后和缓地说道：我们这里虽说也在卖空调，但是说实话，并不真正懂行，您作为这一行的熟手，要是有什么建议，希望能不吝赐教。

这一番话姿态摆得很低，就是一副请教的样子。

对方态度诚恳，董明珠心里感到舒服的同时，觉得自己也得拿出一些干货来。于是，就如同打开了话匣子一般，董明珠展开了滔滔不绝的"演讲"，从整个空调市场出发，然后是分析供电局"实业部门"的现实情况，合理推测可能的销售量、利润率等。完成有理有据的分析后，董明珠也没忘记此行的目的，非常自然地将话题转到了自家的海利空调上，与供电局现有产品的比较，特点、优势如何，以及如何能够轻松地卖出去，等。

当时的董明珠并没有意识到自己实际上做的是市场培育的事，很多年以后，当她读研究生时才从导师那里获知了这样的理论。

当然，纵使并不清楚地知道自己行为的意义，也并不妨碍董明珠将"讲课"进行到底。于是，一场本该普通的生意交流几乎变成了董明珠对对方的面授机宜，直到将自己肚子里的东西讲完之后，董明珠这才有些反应过来，觉得自己似乎有点儿喧宾夺主了，于是有些不好意思地道歉说：我这一讲起来就没控制住，应该多听听您的意见的，真是抱歉。

对方经理则笑着摆摆手说：其实你说得很好，很多话都显得非常专业，我从没听人讲过，让我很受启发。这样吧，现在时间也不早了，明天我还有其他安排，你后天再过来一趟怎么样？

看得出来，这位经理是真的被董明珠的"讲课"给触动了，以往的供货商大都是将他当作官方人物敬而远之，从没有人站在行业内的角度给他如此清晰地解说。作为供电局的实业部门负责人，他恐怕也想要做出一番成绩，所以，这才对董明珠这位"主动上门"且有诚意的供货商发出了下次见面的邀请。

董明珠也隐约感觉到了对方经理的心理，对双方合作的未来顿时有了更多的信心。

此后，董明珠便成了供电局的常客。她的工作仿佛也从业务员变成了讲师，给对方经理讲述空调市场运作的各个方面。有时碰到对方忙，董明珠就到其他地方走走，顺便调研一下一些空调大品牌、老品牌的销售策略，并从中吸取养分，化为己有。

一天又一天的"讲师"生涯下来，董明珠不出意料地和供电局的这位经理混熟了，而她也真的像是一个负责任的"讲师"一样，每次与对方见面前，都要把将要给对方讲的内容反复地考虑清楚，如同"备课"一般。从这个意义上讲，倒和她本身女教师的外表形象有了一定的相合。

"讲课"次数多了，也就收到了一定的成效，供电局的经理不仅对空调方面有了一些较为直观的了解，而且对董明珠的海利空调有了非常正面良好的印象。

终于有一天，经理对董明珠说：你的诚意我都看在眼里，我本人是比较有意愿和你合作做生意的，不过空调单子一旦订下来就不会小，我需要再和我们局里面汇报一下，等有了结果再告诉你如何？

　　这已经是很诚恳的回答了，董明珠知道这种从国家机关分出来的部门在独立性上的确有着各种限制，所以就耐着性子等待。

　　好在等待并没有多久。

　　过了一些时日，供电局的局长来他们的"实业商场"视察工作。

　　这是一个很好的机会，乘着局长在商场当中的机会，可以就地对其进行直观而细致的解说，效果绝对比在办公室中强。董明珠自然不会放过这样的机会，一早就在经理的通知下做了各种详细而周全的"备课"。

　　然后便是"实战"了。

　　在经理将其介绍给局长之后，董明珠从容地将准备好的说辞洋洋洒洒地摆了出来，条理清晰、言之有物，就势给局长分析起了铜陵市的空调市场情况。结合铜陵本地的特点——安徽东部沿江带的物资集散中心，以及资源优势——全国闻名的铜矿基地，再加上居民生活水平——相对较为富足，还有经济构成——企事业单位较多，等等众多因素，董明珠十分肯定地告诉局长，铜陵此地，空调生意大有可为！接着，就是例行地宣传自己的海利空调，从质量、抗其他电器干扰、返修率等方面进行介绍，说得头头是道。

　　局长作为见惯了世面的人，也不由得被董明珠的精彩"讲演"给说得连连点头，而他作为局领导，魄力自然是不缺的，最后非常干脆地拍板道：我看你说得很好，就进你们海利的货了！

　　一句话定下了基调。

　　由于是能拿主意的领导做出的决定，合作的各项进展都十分顺利，就连向来会出现的一些拖延货款也没有卡壳，第一笔50万元很快就打到了珠海的账户上。

　　据说到账的时候，海利厂的人都惊讶不已，有的说新来的业务员干得漂亮的。也有其他一些说法，总结起来无非就是，有个新的女业务员嘴皮子厉害，三两下就说动人家打款云云。

　　其实这都是旁观者效应，事非躬亲不知难，在别人看来，好像董明珠根本没费多大功夫就得到了订单，但这背后需要付出多少心力和汗水并没有多少人关心。世人往往如此，只看得到成功的辉煌，却看不到成功之前的苦难。

他人的看法终究只代表了他人，在给董明珠带来了一点儿小小的涟漪后，就被她抛到了脑后。如同在芜湖等地一样，完成了订单并不被她视为完结，供电局在她的销售计划中处于十分重要的一环，自然不能草率对待，所以，为了让海利品牌真正在铜陵落地生根，后续的一些维护工作必不可少。

这其中最为重要的就是对供电局"实业部门"那些职工家属营业员的培训。前面说过，这些人并非本来就干这一行的，只是为了解决待业问题才进行的内部安排，所以在专业的销售技能方面是很匮乏的。为了能让这些人成为合格的空调业务员，董明珠不得不拿出大把的时间对她们言传身教，包括在面对客人时该如何推销、如何清晰简洁地讲出海利空调的功能以及优势，遇到问题如何解释，甚至还有如何实际操作调试，等。

可以说，董明珠将自己所知道的东西都倾囊而授了。这些营业员不仅学会了如何去推销海利空调，对于其他的电器也能够触类旁通，等于业务水平上了一个台阶。

另外还有一些后续安装服务上的改善，董明珠竭力建议供电局自有的安装队采取上门服务的方式，以提高服务水平。由于空调相对其他家电有着自身的特殊性，安装质量的好坏直接决定后面使用的顺畅与否。后来，为了在这一块进一步增强，董明珠还和经销商组建了另一支更加专业的安装维修队伍。

就在这样各种琐碎的奔波中，1992年的夏天终于来到了，让董明珠欣慰的是，在这里海利空调销售得非常不错，没有枉费她的一番心血。

事后，对工作进行例行总结时，董明珠认为铜陵的模式非常有借鉴意义，供电局并非铜陵一地才有，完全可以向安徽的其他地方推广，只要操作得当，以前沉闷的局面一定会得到很大的改观。

对此，董明珠深信不疑！她也是如此做的。

在合肥、芜湖、安庆等地，董明珠都开始积极地与供电局的"实业部门"接触，果不其然，都取得了不错的收获。

打入供电系统可以说是董明珠所独辟的一条蹊径，等于将供电系统的一些独有优势给利用了过来。据后来相关统计可知，这一块的销售量占到了整个安徽市场的1/3还要多一些，相当于一步棋起到了举足轻重的作用。

经过董明珠的努力，海利在安徽的经营逐步走上了正轨，其空调销量和声誉也节节攀升。1992年年底的相关统计显示，海利在安徽地区的销售额竟然突破了1600万元，占到了整个公司销售额的1/8。

在安徽战场的胜利使得董明珠确信了一件事：她属于营销这一行！

第四章　南京之战

　　过往的成绩是继续向前的基础，正是在安徽的出色表现，使得董明珠

脱颖而出，正所谓能力越大、责任越大，于是她被顺理成章地调往江苏地区

"救火"……

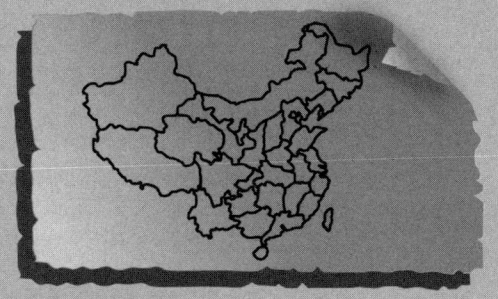

海利改名格力

> 名字就好比门面，所有的第一印象都来源于此，一个好的名字无疑是向上腾飞的基础，其重要性无论怎么强调都不为过。

1992 年，董明珠在安徽市场奋战。与此同时，她所归属的海利厂也发生了一件非常重要的事：海利改名，成为格力！

这里需要从头说起，还需要重点说说一个人，一个对格力未来发展至关重要的人：海利空调厂厂长朱江洪。

任何大公司都是从微末中起来的，鼎鼎大名的格力自然也不会例外。

一开始，格力还叫海利的时候，只是一家毫无名气可言的小厂子。那时候和隔壁一家名为冠雄的塑胶厂同属珠海一家集团公司，局面都不是太好，仅仅勉强维持着生存。冠雄还要更加糟糕一些，只有一百来号的工人，亏损却达到了 200 多万元，别说利润了，连工资都开不出来，最后被逼得倒卖起了香烟。

就是在这么一个看不到希望的局面中，朱江洪登场了。

作为"救火"式的人物，朱江洪被从广西百色调到了珠海，担任了冠雄塑胶厂的厂长，这一年是 1988 年。

一年后，冠雄奇迹般地起死回生，当年利润达到了 70 多万元，第三年更是达到了 400 万元之多。朱江洪是怎么做到这一点的呢？很简单，冠雄不是塑胶厂吗，各种五金模具都不缺，然后瞅准市场做起了空调外壳，并朝着这个方向拼命使劲儿，将外壳做得漂亮得不得了，就连空调大品牌顺德华宝都找其做外壳。

当然，冠雄是摆脱了亏损的命运，但是旁边的海利厂不高兴了。同属一个集团的厂子竟然帮竞争对手华宝做空调外壳，这不是胳膊肘往外拐吗？于是海利的经理就跑到集团总公司告状去了。

集团总公司将海利和冠雄两厂的负责人召集到一起，让他们自己开会解决。两方言辞激烈，谁也不肯退让，最后集团总公司还是偏向了海利一方，用行政命令要求朱江洪停止给外面做空调模具。

朱江洪口头上答应了，但是回去后仍旧我行我素，只不过不再明目张胆地做，而是关起门来偷偷地做，用他后来的话说就是：要是不偷偷地做，合并后的格力空调还有什么新产品可销？

总之，朱江洪就是这样一个有能力、有主见的人。

到了1991年，集团公司看到了空调产品的前景，本着人尽其才的原则，又让朱江洪连旁边的海利厂也一并管起来，让他兼任了海利空调器厂的厂长。

此前，朱江洪曾带着厂子里的人做出了一款电扇产品，名为海乐牌鸿运扇，一度卖得不错。然而因为缺乏品牌保护意识，这个牌子一直没有正式注册商标，结果后来就让人抢先给注册了，想花钱买回来吧，别人还不同意。

虽然吃了这个亏，朱江洪也只能打落牙齿和血吞。然而日子还得过，商标不能用了就得想新的，于是，朱江洪就把两个副手叫到一起，三人关起门来商量，一副不想出来誓不罢休的架势。

烟一根接一根地抽，将封闭的屋子弄得烟雾缭绕，名字也一个接一个地提出，然后否定。最后，也不知是谁看到英语单词"GLEE"后灵光一闪，直接将其音译成中文"格力"，英文原意是快乐，而音译过来之后寓意同样很妙，格力格力，格外有力，也可以做人格魅力想。

名字就这么定了下来。

当然，之后还有过一次变更，因为想到以后走出国门后需要在英语国家注册，GLEE 这个词很可能早就被别人用过了，所以，他们效仿了其他一些公司的做法，通过谐音生造一个单词出来。所以，GLEE 就变成了 GREE，不仅绝对不会有雷同的英语单词，而且在词形上也和 GREAT、GREEN、AGREE 等词相似，辨识度很高。

于是，在 1992 年，海利空调便正式改名，成为格力空调。这个名字也将如同它所寓意的那样，在未来变得越来越"有力"，既是力量，也是魅力。而董明珠也将在这个新的品牌名称下，走出一条波澜壮阔之路。

另外值得一提的是，格力这个名字一出现就广受好评，甚至被集团总公司相中了，直接拿过去后要求下属厂子全部都改成这个名字。当然，这个决定遭到了下面许多厂子的一致抵触，就像朱江洪开玩笑说的，格力又不是什么出名的牌子，谁会用呢？

没错，除非是那种全国知名的牌子，下属厂子的厂长们普遍还是对自家原本的招牌更感亲切一些，所以到最后，还是只有海利厂改了名字。

除了将海利原厂盘活、给海利改了一个更加好听的名字外，朱江洪还在技术方面给未来的格力打下了十分坚实的基础。

由于 20 世纪 90 年代市场经济的持续发展，在市场导向下，产品之间的竞争越来越朝质量、声誉甚至还有售后服务水平等方向发展，可以说是全方位的竞争。

朱江洪是理工院校出身，对技术有着异乎寻常的执着，在他看来，做产品的比到最后比的还是质量，而决定质量高低的，就在于技术。所以，在朱江洪的带头下，格力在技术研发上走得很早，也很深。这在早期的厂家当中实属难能可贵，也是将来格力能够一骑绝尘的关键所在。

比如当时的空调样式，做得比较好的很多都是日本生产的，品种分为窗式、分体式还有柜式等许多种，细数下来可能有上百种之多。其中，窗式和分体式较为普遍，在市场上也较为常见。两者各有优缺点，前者因为是一体机，优点是安装简便，缺点是噪声什么的不可避免地全都在室内，比较吵人；后者则相反，优点是噪声在室外，相对安静，也不占地方，这对向来住房较为紧张的中国人来说吸引力很大，缺点则是安装较为复杂，价钱稍贵，耗电量也较高，还有分体机之间的连接线容易泄漏氟利昂等。

两种机型最后的结果如何，现在的我们当然已经是知道，分体式逐渐占据了主流地位，但是当时的空调生产厂家并不知道这一点，市场上的表现也是窗式的更加强势一些，所以很多厂家都是以生产窗式空调为主，包括1992 年之前的格力，同样是主打窗式空调的。

而朱江洪从技术的角度提出了自己的见解：分体式之所以暂时不如窗式卖得好，最最关键的无非就是一个技术问题——氟利昂泄漏，而这个技术问题在将来肯定是会得到解决的。一旦补上了这一短板，加上分体式空调美观、占地小、噪音小等优点，势必会成为市场的最终胜利者。

事实证明，他是对的。

拜朱江洪的远见所赐，格力在 1992 年就开始为将来的腾飞默默打下了坚实的基础。

调研与接手

> 董明珠在安徽闹出的动静惊动了格力本厂的朱江洪，带着老一辈人特有的务实精神，这位厂长风尘仆仆地赶来，做起了实地调研。

一个新入职不久的业务员，在一个谁也不看好的贫穷地区做出了大成绩，无论是谁都会对其刮目相看。

1992 年，在格力的销售榜中，安徽一地以 1600 万元高居前列，而相邻的较为富裕的江苏省，当年却仅有可怜的 300 万元，对比十分强烈，也十分扎眼。

作为当时格力空调器厂的厂长，朱江洪自然注意到了这个不寻常的地方。在富裕的省份居然还卖不过贫穷的省份，这显然不合理，从市场和购买力的角度来说，也不应该有如此大的差距。

这其中一定有什么情况，是安徽有特殊之处，还是江苏有特殊之处？这就需要实地去看一看，调研一番了。

朱江洪便是如此做的。

他很快就给远在安徽的董明珠通了电话，告诉她，自己要去安徽调研。

董明珠接到消息后分外平静，仿佛一切尽在意料之中。她清楚自己做到的成绩一定会引起关注，只是想不到厂长会亲自过来。

几天后，合肥机场，董明珠给朱江洪接机。

下了飞机的朱江洪仅仅手中提了个旅行包,也没有别人跟随,没有杂七杂八的东西,简简单单。

看着这样的一幕,董明珠有所感触,一个厂长能够做到这样,至少说明了一点:这是个很务实的人,或许是经常一个人出差,所以能够如此高效且从容。

董明珠同样是个做多过于说的人,见到朱江洪后,没有其他废话,一路将安徽的所有情况做了简单而细致的汇报。

朱江洪边听边点头,末了告诉董明珠,希望她能够带他去安徽各个经销商处转转。

董明珠了然,实地调研,自然是要真的"实地"考察一番的,不可能光听几句话就能了解一切,遂表示可以随时安排行程。

没多久,董明珠便带着格力厂厂长朱江洪开始了安徽经销商拜访之旅。

也不知怎的,铜陵地区的经销商知道了董明珠所在的厂子来了领导视察,为表示热情,竟然提供了专门的车辆给他们代步。董明珠推却不过,加上有辆车确实会方便很多,于是便收下了这份情谊。

在安庆,某经销商诚恳地在朱江洪面前夸赞董明珠,说:你们的业务员非常勤奋,帮了我们不少忙,感谢你们培养了如此杰出的人才。

在合肥,一位汽贸公司的经理告诉朱江洪:与格力合作之前,从未去过你们厂,也没见过你们的实际产品,但是做生意很多时候要看人,我有直觉,董明珠这人值得信任,所以便有了后来的合作。事实证明我是对的,你们格力的这位董明珠做事非常认真,甚至还帮着我分析市场,让我的公司多出了好几十万的收益。

铜陵的经销商热情洋溢地说:之所以愿意相信你们的产品,不是别的,还是你们的业务员水平高。我们想的是,能够培养出这样高素质业务员的公司,管理水平应该值得信赖,所以我们愿意和你们合作,相信将来,你们的产品会越卖越好。

铜陵的供电局同样给予了热烈的接待，作为董明珠奠定安徽省局势的宝地，这里的人十分朴实地讲述了对董明珠的印象：一个像是女教师一样的业务员，穿着朴素，背着旧书包，每天跟着我们忙里忙外，非常不容易……

一路走来，朱江洪听到的多是赞誉之词，他对董明珠在安徽所做的工作也逐渐形成了较为完整的概念。用一句话说就是，董明珠将一个业务员所需要做的乃至不需要做的统统都做了，甚至可以说做得十分完美，否则就不会获得一致的认同。

朱江洪有点儿明白为什么在安徽会有如此好的成绩了，不是这里有什么特殊的地方，而是这里有特殊的人，确切地说，是负责这里的董明珠特殊。

回去后，朱江洪带着感慨和赞许的语气对董明珠说：亲自过来一趟真是开了眼界，以前从来没想过，一个经济并不发达甚至可以说有些贫困的省份，其空调市场的潜力居然也能达到这样的程度。你所做的一切可以说在里面起了至关重要的作用，我代表全厂感谢你，你在安徽的经验也要向全厂推广。

董明珠听了这话深受感动，自来到安徽开发市场，其间经历了无数的艰辛和泪水，格力空调能在这里逆势崛起，她不知道付出了多少心血，然而所有的苦痛、所有的委屈，仿佛都在厂长朱江洪肯定的话语声中获得了释放。

竭尽自己所能做了那么多，不仅是想要证明自己，同样是想要获得别人的认同啊！梦想的道路上，如果没有别人的回应，走起来将会多么地苦啊！

董明珠按捺住自己的情绪，对朱江洪表决心道：朱总，有你这句话在，我说什么也要好好地干下去！

考察完安徽之后，朱江洪对董明珠十分赞赏，于是提出让她一起去江苏考察考察。

两人随后又踏上了由徐州转道南京的旅程。

借着与厂长同行的机会，董明珠一路上将自己短短时间内积累下的营销理念全部展示了出来。关于厂家和经销商的利益一致问题、关于产品质量问题、关于售后服务问题等，以往都是独自默默地摸索，现在好不容易能有个人可以分享一下，董明珠自是如竹筒倒豆子一般停不下来。

当然，这个也和董明珠的性子有关，憋不住话，喜欢直来直往。

一路风尘，到达了南京。

作为江苏的省会和千年的历史名城，南京素有火炉之称，每到夏天，热量就仿佛被聚集在这片土地上，而且消散不去，导致此地温度常常居高不下，一年之中有40多天的时间是让人难以忍受的高温酷暑天气。

有着这样的外部环境，空调在这里天然具有巨大的销售潜力。

可惜的是，在这个潜力巨大的市场上，格力空调的业绩却惨淡得可怜。不要说和那些大牌子比，就连一些普通的牌子都比不过。

考察依然是从经销商开始，和在安徽受到的热情接待不同，在这里，董明珠和朱江洪两人遇到的是一股寒流。

两人先去的是当地几家最大的家电商场。

这些商场的经理听说有生产商过来考察，纷纷摆出不耐烦的表情，回道：从没听过什么格力的牌子。

连续几家都是如此，这表明，格力在南京当地的销售工作完全是失败的，和大的经销商没有什么合作，声誉也没有树立起来。

难道南京这里就看不到格力的影子吗？

董明珠和朱江洪顺着街道乱逛，终于在一家和他们有业务往来的商场看到了格力的产品。于是两人找到了这家商场的家电部门的经理，打算问问情况。

见到对方后，他们依然没有得到热情的接待，只见对方经理冷漠地坐着不动，仅仅抛给了董明珠两人一句话：你们格力的东西不太好卖啊！

这样的话其实在董、朱二人的意料之中，之前在其他经销商那里的经历已经表明了一切，现在需要搞清楚的是为什么会出现这样的情况，这也是他们此行考察的根本目的。

朱江洪顺着对方的话问道：格力的货到底怎么不好卖，您能给我们说说情况吗？

对方经理于是滔滔不绝地列出了一堆问题：你们的货质量上倒还好，但是服务太差了，有时候想要找你们的人都找不到，平时也根本没有人过来管事，具体工作更是没人做，碰到要调货、要搭配品种也找不到对接的人，你说这样让我们怎么给你们卖货？

问题听起来的确很严重，空调这样的产品显然不光是拼质量就可以万事大吉的，服务的重要性一点儿也不比产品本身来得要小。而格力在这里别说基本的具体售后服务了，甚至连经销商有事情想要找人解决都找不到。很明显，是格力空调在这里分派的人员有问题，并且是很大的问题！

董、朱两人作为理亏的一方，只能不断道歉，检讨说自家工作没做好。

了解到想要的信息后，董明珠和朱江洪面色凝重地走出了这家商场。路过家电部的时候，仍能看到一台格力的空调孤零零地摆放在展橱里，仿佛在告诉他们，与其他品牌售空的情形相比，自己是怎样地无人问津。

对此，朱江洪感慨地和董明珠说：只是相隔一个省，却好像来到了两个截然不同的地方

董明珠默然。她也看出了其中巨大的差异，而且知道了是怎么回事——不是格力产品本身而是人有问题。

果然，朱江洪下一句话就说道：看来是我们派的人有问题了！

的确如此，在安徽这样贫穷的省份都能卖得供不应求，而在南京这里还能看到不少剩货。不客气地说，格力在南京恐怕根本没有树立起所谓的品牌形象，与安徽的 1600 万元销售额比起来，江苏的 300 万显得那么刺眼。在这种根本没有口碑的情况下，这里的业务员又是怎么做的呢？想必只是在一些小经销商那里零敲碎打罢了。

当然，江苏素来富饶，所有人都看得到这点，所以市场竞争肯定会比其

他地方激烈得多。春兰、华宝等大品牌一定花了极大的力气和资源在这块地区，在许多地方比它们有所不如的格力处于弱势似乎也有些情有可原。

之后，董、朱二人又去了江苏的常州等城市。即使明知道格力在那里没有市场，也还是抱着试一试的想法，先弄清楚情况，再看看能不能顺手搞定几个经销商。

对江苏市场的考察就在这样走走停停的几天中结束了。

此行与安徽的强烈对比，给了朱江洪十分强烈的印象：天时不如地利，地利不及人和。营销成绩的好坏，人所起到的作用才是最大的！

之后，董明珠将朱江洪送上了离开的飞机。路上，朱江洪一直沉着脸，像在思考着什么。看到他这个样子，董明珠知道他恐怕正在脑海中思索这几天的所见所闻，毕竟，考察出了问题，作为厂长，肯定是要想办法去解决的。所以董明珠也非常明智地没有去打扰他，而且，在这种沉默的气氛中，董明珠在直觉中感到可能会有什么事情落到自己的头上。

果然，女人的直觉应验了。

一个月后，当董明珠回到珠海的格力厂总部报账的时候，朱江洪特意将其叫到了办公室，郑重其事地问道：小董，江苏的市场，你能不能也接下来？

或许是因为之前隐约有此直觉，所以听到朱江洪这一突如其来的问话，董明珠并没有表现出太明显的惊讶，她只是在心底衡量了一下利弊关系：从一般角度来说，领导的要求自然是应该答应下来的，这对自己、对公司都是有益的；但是从人际关系角度来说，这显然是去和以前负责江苏的同事抢"饭碗"，恐怕会引来一些舆论上的麻烦。江苏市场再怎么差，也有300万元的销售额，按照业务员提取1%的算法，仍然是一笔不小的数字。一旦涉及利益问题，天知道最后会出现什么样的状况。

另一方面，董明珠负责的安徽市场刚刚打开局面，正是开始爬升大发展的时候，前期她也在那里投入了大量的精力，发展了不少的人脉，如果这时候再接手江苏市场，分身两地肯定会导致前面在安徽的一些经营转淡，最终甚至会出现两边都做不好的局面，正所谓贪多嚼不烂。

如此多方衡量下，董明珠实际上是不太愿意接下江苏市场的。

然而从整个公司的角度来看，江苏市场又实在太过低迷，非得有强力人士前去扭转不可。

朱江洪仿佛也看出了董明珠的不情愿，于是说出了一句话：接不接手江苏市场，你在考虑个人意愿的时候，也应该考虑考虑公司的整体利益。

这等于是从公心、大义上给了董明珠一个推手。

董明珠恰恰属于责任心较重的人，听了朱江洪的劝说之辞，她终于还是点下了头，同意接下在江苏的烂摊子。

当然，既然承担下了公司交托的重要任务，条件肯定是要提的。

董明珠衡量了一下自己的精力与能力，最终向朱江洪提出：接手江苏市场可以，但是自己不是超人，只能顾到南京市场，毕竟自己还要继续管好在安徽的市场，免得大好形势流失掉，而江苏的其他地区还是由原来的业务员经营。

董明珠的这一要求显然有着她的考量，如此一来，只要辛苦一些，或许可以勉强做到安徽和南京方面兼顾，同时不会过于得罪江苏以前的业务员，也算是两全其美的一种方法吧！

对此，公司方面表示同意。

就这样，董明珠正式成为跨省区的强力业务代表。

在新的地方起步

> 这是新的战斗，战场发生了转移，困难
> 是不一样的，一样的是，依然可以寻找一个
> 点来突破。

前面说过，董明珠的作风向来是雷厉风行的。接下了公司交派的南京市场，几天后，董明珠就收拾停当，坐上了开往南京的火车。

当时正是 1992 年的秋冬之际，对于空调这样的季节性较强的产品来说，属于难挨的淡季。

当再度踏上江苏这片土地时，意义便与上次有了巨大的不同。上次是以一个看客的身份过来的，而这次，则是一个崭新的战场在董明珠的面前缓缓拉开序幕，而她即将在这里展开新的战斗。

身负重任的董明珠已经迅速地进入了状态，她不断思索着将要面对的情况。

尽管市场经济已经喊了许多年，尽管江苏属于东部较为开放的地带，但是，在一些地方仍然能够感受到浓厚的计划经济的影子，商家带着官家的脾性，一副"老子最大、老子说了算"的面貌。

无疑，这里仍然奉行的是"先货后款"的"陈年陋习"。

董明珠在安徽所施行的新一套，尽管被证明有着良好的效果，但是，在南京这里是否也能像在安徽那里一样顺利？还是说，因地制宜、入乡随俗，

在南京这里还遵从原本的规矩？然而，真的遵从了，是否又会出现类似于安徽追债那样的糟糕事情？

种种难处从心底涌现出来，董明珠感到十分为难。

考虑到最后，董明珠还是确定了一件事，无论采取怎样的方式，都是要和经销商打交道的，若是能像"安徽"那样找到靠谱的经销商，或许事情就会好办很多。

没错，尽管在南京等于是从头开始，但不代表在安徽的经验就完全无用武之地，有些事情是会有普适性的。

当然，也必须看到不同之处。

南京在富庶程度上超过安徽许多地方，所以竞争激烈，困难也就更大，问题也就更复杂，这从当地各大品牌空调充满硝烟的对峙中可以看出一些端倪。而且，因为居民较为富裕、文化素质相对较高，所以接触空调也较早，空调市场较为成熟。

在这种情况下，居民对品牌的关注度肯定要比在安徽要更高、更严苛。所以，在这里，春兰、华宝这样的大牌子更加有市场，像格力这样的小品牌处境则更加艰难。

另外，春兰空调本身还是江苏的品牌，占着主场优势，兼之其财大气粗又肯花钱，1992 年甚至拿出 500 万元搞"无忧无虑服务活动"，如此情况下，占据南京头把交椅自然毫无压力。

而华宝则是靠着自身迅猛的发展势头，在江苏市场销售额超过几千万元，也能和春兰掰掰手腕。

南京本地市场还有一个更为复杂的情况，那就是这里不仅是国产空调的拼杀之地，也是进口空调的亮相场所。是的，格力在这里不仅要面对众多大品牌的挤压，还得面对"洋品牌"的残酷绞杀。

洋空调的质量往往比国产空调要高，当然，其价格也从来都是不菲的，质优价高是它们共同的标签。如果非要定一个大致的高出区间，那么应该是高出 30% 以上。以三菱为例，日产三菱 MSD-09GCIP 分体式空调，1992 年的售价在 9100 ～ 9400 元之间，比国产空调贵出 50% 以上。

国际上，无论是富得流油的中东国家，还是经济发达的西欧，或是资源不缺的南美、东欧，甚至是发展迅速的东南亚，其市场也大多为日本空调所占据，三菱、松下等牌子在各处大行其道，中国作为一个庞大的、潜力巨大的市场，则是它们志在必得之地；而美国作为空调的发明国，也有不少品牌在中国市场上逐鹿，如飞歌、飞仕达等。

面对这些带着闪亮光环的国外品牌，国产空调即使如春兰、华宝等，也只能从服务和价格方面和它们展开竞争，更别提格力这样的小品牌了。

董明珠认真思索着格力在这样一种不利情境下的破局之道。一个不知名的小品牌，到底应该靠什么才能在各种各样的夹缝中生存下来，甚至还要发展壮大起来。这不是一个简单的问题，至少不会比在安徽时所要考虑的简单。

不管怎样，作为将要开展工作的新业务员，必要的信心是必须要有的。

那么，至少应该先找出格力自身的优势所在，才能有针对性地布局乃至发展。

董明珠首先列出的优点是，赶上了天时！

尽管格力现在并不大，比其他很多空调品牌起步也较晚，但当时正是空调市场刚刚起步的时候。自 1985 年空调进入百姓家庭以来，每年都以稳定的 10% 的增长速度增长，据统计，1991 年底，国内居民空调拥有量为 62 万台，比起巨大的人口规模来说，潜力十分巨大。

而且自 1992 年开始，国家电力增长十分迅速，曾经困扰空调出货量的电力紧缺问题也得到了缓解，再加上市场经济施行以来，城市人群的购买力不断提升，但凡人均收入超过 2000 元，自然而然就会有购买空调的需要。

在中国，结婚所需要购置的物品有着十分清晰地变迁痕迹。最初有所谓

"二十四条腿"的说法，就是家具所有的腿加起来要达到多少多少；后来有"三转一响"的说法，也就是自行车、手表、缝纫机外加一台带响的照相机；再后来，是彩电、冰箱、洗衣机等的登场；等到了 20 世纪 90 年代，空调正式进入普通家庭的视野。

所以，这是一个对于空调发展来说机会巨大的时代，此所谓天时。

再者，江苏虽然纬度较高，但是夏天温度依旧很高，人均收入又增长较快，所以，空调市场的需求也会有一个大幅度的增长，此所谓地利与人和。

最后，就是格力自身有着不错的质量，价格却更加低廉，也就是性价比十分高。此所谓自强。

经过了这样的一番优势分析，董明珠终于感到了未来成功的一些可能。

……

到达南京后，董明珠按照计划开始了拜访经销商的行动。

首先从南京市最繁华的新街口开始，那里有南京最大的人民商场。董明珠深信要找就找大经销商的原则，即使对方从未和格力有过合作，也要作为重点关注对象，重点对待。

董明珠来到人民商场，先是在其家电销售部门逛了一圈，看了看情况，发现和料想的一样，大部分展位被洋空调和国产大品牌所占领，中小空调在一些边缘位置苦苦挣扎，至于格力空调，则完全看不到影子。

心中有数后，董明珠直接找到了经理室，开始了她所擅长的说服工作。

在与经理见面之后，董明珠如同以往一样，直入主题，向其滔滔不绝地介绍起了自家的格力空调来。

对方经理表现得十分惊讶，并用夸张的语气问道：你说的格力我从来没听过，是新出来的牌子吗？什么格，什么力？

董明珠早就做好了对方有这种反应的心理准备，毕竟格力真的不是什么响亮的牌子。她只是继续尽可能详细地将格力的品种、质量、服务等向商场经理一一描述出来，并用自己在安徽的成绩作为背书与证明。

经理听着董明珠的推销词，并没有表现出任何兴趣，甚至中途就打断了董明珠的话语，十分不客气地说道：光听你说，我也不知道是真是假，我这儿以前也没卖过你的产品，不如你先送一批货过来看看吧！

言下之意就是，按照以前代销的老规矩来，反正许多小品牌都是这么做的。

董明珠自然听出了他的意思，这等于还是走她竭力反对的"先货后款"的老路，这是她不愿意接受的，所以，她试着问道：我把货送来可以，不过，您得说好什么时候打款。

对方经理闻言愣住了，随后便是一副不可思议的表情，说道：你的意思是要我这儿先付款后提货？开什么玩笑，哪里有这样的道理？其他的品牌从来都是让我们代销，包括那些全国有名的大品牌，都是照着这个规矩来的。你一个从来没听过的牌子，凭什么就跟别人不一样？

董明珠知道此时不能退缩，梗着脖子回答道：别人是别人，我们格力有着自己的制度，我在安徽的时候都是按照这个制度来办的……

对方经理失去了听下去的耐心，再次打断董明珠：不用再说了，我看你是来错了地方！

话不投机，再谈无益。

董明珠愤然起身，从对方几次无礼的打断来看，这是一个缺乏起码的尊重他人意识的人，和这样的人谈下去无异于浪费时间，他只会对自己的那一套固执己见，也只会利用自身商场的优越条件来做文章，根本不会接受董明珠所阐述的新路子。

此路不通，自是要去寻找他路。南京的大经销商不止这一个，多拜访一些，总能找到机会。

董明珠就这样走出了人民商场。

第二个目的地是靠近中山陵的太平商场，也是一家规模不小的综合型商场。其地理位置十分优越，附近都是院校、机关等，自身也拥有很大的一栋商业楼。

之所以将这里选作第二个拜访地，也是受了上一次拜访的打击。人民商场是从来没有和格力有过合作的经销商，而这次的太平商场则恰恰相反，在海利时代就卖过海利空调。

如同以往，在逛过商场的售卖部、了解了情况后，董明珠便直奔经理室。

见到太平商场的经理后，董明珠莫名地松了一口气。

因为对方是一位女性，姓雷，面色和善。

对于董明珠来说，作为一位女性业务员，总觉得和同为女性的客户更好打交道一些。或许南京的突破口就着落在此了！董明珠如是想着。

因为以前和对方有过合作，显然介绍的时候就不能像在人民商场那里一样洋洋洒洒地列数据了。因此，董明珠暂时将自己定位为服务人员，而非推销员的角色，她平和地对雷经理说：我是格力新来的业务员，以前业务员的工作现在由我来接手。我想问的是，你们在销售我们的产品的时候，有没有什么问题需要解决，或者我们有什么不周到的地方需要改善的吗？

雷经理倒没有和董明珠客气，而是心直口快地摇头说道：你们的产品真的不行，质量又不是最顶尖的，服务更是一塌糊涂，业务员也不露面，好像把货送到就万事大吉了，有时候碰到用户投诉，根本找不到人，你说这样做生意能行吗？

雷经理话中反映的情况和之前在江苏调研时候听到的情况十分相似，就是人不负责，服务几近于无。

由于确实是自家的过错，雷经理的牢骚话董明珠只能全部生受下来，并且不停地道歉说：不好意思，由于我们工作不到位给您造成了麻烦，我保证以后会尽力在各方面配合你们商场的。

随后，董明珠也没有像在人民商场那样急着推销格力空调，而是后退了一步说：我看你们这里以前的海利空调还有一些货，那现在就先不忙着进货，先卖一段时间再说吧！

董明珠心里想的是，如果在对方以前的货都还没卖完的情况下就贸然提出新的合作，恐怕不会收到什么太好的结果。如果能够想办法帮助他们将以前的存货都给卖出去，有了实际的成绩打底，相信再提出新的合作会更加轻松一些。

带着这样的想法，董明珠走出了太平商场的大门。这一次，她的心情不再低落，尽管没有达成具体的目标，但是，她感到了希望，虽然对以前海利的服务不满，但是对方经理的语气中仍然留有余地，这是一个十分隐蔽的信号，只要能够在服务上有着根本性的改善，相信这里一定会奏响来南京后的第一曲凯歌。

之后的日子里，董明珠将太平商场当作了主要战场，除了例行地拜访其他地方之外，她把剩下的闲暇时间全部交给了这里，就好像她是太平商场的"编外业务员"一样。

在太平商场"上班"期间，董明珠发现了这样一个现象，那就是以前的海利空调往往都被摆在了不太起眼的展位上，这显然对海利的销售十分不利。

于是，董明珠试着隐晦地向这里的营业员说，能否把自家的空调换一个好一些的展位，至少让更多的人能够看到，说不定就能卖出去了。

营业员听了董明珠的话，觉得好笑：空调这样的大件，哪个顾客进来不是奔着牌子来的，就算把你家的空调摆在最好的位置，人家也不认啊！大家就指着要春兰、华宝这些名牌的，你就别费心了。

尽管自己的建议没有被采纳，不过董明珠并没有气馁，仍然兢兢业业地"上着班"，每天坚持与这些营业员聊天，顺便套套近乎。时间长了，关系倒也有了很大进展，有时碰到顾客买空调，营业员也会试着主动推荐海利空调了。

在这段"编外营业员"的经历中，董明珠逐渐摸到了南京市场的一些脉络：与安徽不同，南京作为自古以来的大都会，本地居民更加自信一些，自主意识也比较强，体现在买东西上，就是十分不喜欢强迫式的推销，更不喜欢在买东西的时候旁边有人盯着自己看，这里的人喜欢的是轻松自在地逛商场，有需要的时候才会找服务人员。

搞清楚了这点，董明珠便尝试着做出一些改变，在做"编外营业员"期间，她每每站在顾客的立场考虑，帮助他们分析各类空调的优缺点，根据他们不同的喜好提供不同的空调性能的对比，以便找到最适合他们的产品；若是碰到有顾客前来退货、换货，则表现得更加和气，好让心情不爽的顾客能够和缓舒畅下来。

另外，董明珠还特别关注各类新闻，通过其中的点点滴滴来了解市场行情和潮流。这是她想到的能够快速抓住一地市场关键点的捷径，这比一些传统的做法更加快速和精准，也更加有效。

在这样不懈的努力下，格力在太平商场的局面发生了不错的改变，曾经滞销的海利产品每天都能零零碎碎地卖出几台，颇有种细水长流的感觉。

太平商场的雷经理见此，对董明珠所代表的格力的印象改善了许多，也有了继续合作下去的信心。然后在某一天，雷经理找到仍在太平商场做着"编外营业员"的董明珠，告诉她：看起来格力还是有一定市场的，那就再进一批货吧！

客户主动提出进货，这对于董明珠的工作来说是一个巨大的进展，但是董明珠很敏感地问道：交易方式是？

雷经理说：自然是按照老规矩来，你们先送货过来，之后再付款。

见到董明珠有些为难的表情，雷经理继续道：我们太平商场这么大的摊子，又不会赖账，你难道信不过我们吗？

不是信不过，而是这有违我自己定下的"先款后货"的原则。董明珠如此默默地想着。习惯的力量是如此强大，陈规陋习也不是那么简单就能改变的，到了关键问题上，太平商场的态度和人民商场的表现居然是一样的。当然，还是有些不同，在太平商场的雷经理这里，她积攒了足够的好感度，也许能够从这点出发，后退半步再进行说服！

考虑好后，董明珠对雷经理说：说起信任，我们格力也是个不小的厂子，您也应该信任我们。要不这样，我们互相给予对方一定的信任，各自退半步，先付一半的款，怎么样？

雷经理并没有接受这个方案，说：你们的产品虽然这些天都在卖，但毕竟还是比不上那些大品牌，我们很难对你们有太大的信心，要知道，在你来之前，你们的空调销售一直都是不怎么样的。

董明珠隐约听出了雷经理话中隐藏的一些含义：你个人的能力我是信任的，这些天的改变我也看在眼里，但是，要把这种信任上升到对你所代表的产品信任，还远远不够，以前销量不好的情况就是明证！

是的，对人和对产品的信任是要分开来的，精明的生意人绝不会将此混淆，雷经理显然深谙此道。

董明珠则试着做进一步的说服：我们也认识好些日子了，我以我的人格保证，以后格力的产品包括以前海利的产品，如果出现任何问题，我都会第一时间过来解决。我自己也是南京人，不会在家乡做出拍拍屁股走人的事情，这点你可以放心。

雷经理有了些动摇：话是这么说，不过，我们商场家大业大，产品多达几百种，各种开销也不小，流动资金是非常紧张的。

董明珠感觉到了对方的松动，连忙提出一个更加和缓的方案：要不这样，你开好支票后先不用忙着给我，等到货来了以后再一手交货一手付款，如何？

谈判的局势就这么朝着董明珠期望的方向发展着。

尽管在先货后款还是先款后货上面拉锯了很长时间，但最终还是雷经理被董明珠说服了，答应为她破一次例。

取得这次谈判成功后，董明珠兴奋极了，在安徽的那一套做法放在南京居然也能够收到成效，这对她的信心是一次极大的鼓舞。这也让她进一步确定了一件事：任何事情，无论看起来有多么困难，人在其中起到的作用才是决定性的，只要真的倾尽全力去做一件事，一切困难都是能够解决的。

未来的女强人风范就在这一次次的胜利与自我肯定中逐渐成形。

意想不到的机会

> 机会只会被有准备的人抓住,有些人甚至能从细节中挖掘出新的可能,并将之变成意外的收获。

时间来到了 1992 年 11 月,正是深秋时节,离冬天已经不远了。此时的空调大多还只是拥有制冷这一个功能,单一的性能导致了空调势必成为一种季节性的产品,而冬天就是所谓的淡季了。

有些时候,对有些产品,商家会采取反季节进货的方式做生意,以达到利润最大化,但这种做法显然不会用在空调这种产品上。这是因为空调作为家用大件,价格昂贵,商家若是在淡季进货,势必会占用许多流动资金,而且空调体积较大,如果要长期储存,就需要解决库存问题,麻烦多多;另外,空调的价格也经常出现波动,早进货不一定能提高利润,倒是有很大可能会出现亏损。

所以,在种种因素的影响下,便出现了商家在旺季抢着进空调,而淡季又完全无动于衷的情况。

即将到来的 12 月肯定会迎来一次空调的销售低潮,这是所有业务员的共识。然而,董明珠借着几次成功的战斗,正是积累了强烈的自信心之时,她已经建立起了自己一套特有的认知,即人的作用最为重要。在这种认知下,她对淡季也有着自己的理解:做生意应该无所谓季节,无所谓景气不景气，只要人真的能够倾注全部心力，就算是淡季也照样能够赚到钱！

在和太平商场达成新的订货协议后，董明珠秉持着认真的态度，尽心尽力地做着各种后期服务，同时向对方保证，会保证旺季的供货。

因为和太平商场的雷经理认识有了一段时间，相互之间的信任也在不断的沟通中慢慢地建立了起来。事实也证明董明珠看人的眼光不错，雷经理的确是个值得信赖及交往的人，双方的合作也没有止步于最初的 20 万元，而是有了进一步的发展。

在太平商场的成功，使得董明珠有了更多的底气向着下一步发展，去寻找更多的合作商。

上天仿佛听到了董明珠的心愿一般，机会很快就在不经意间降临了。

1992 年 11 月，春兰在扬州召开了一场"春兰订货会"，而这场展会成为董明珠在南京战场上的一个重要转折点。

当董明珠得知展会的消息时，原本是没有去展会的计划的，但是她转念一想，作为业界老大春兰举办的展会，一定会有很多有实力的商家前往，去的话就有机会认识他们。而且，春兰能够稳坐空调业的龙头位置，许多经销商也都愿意卖它的产品，相信一定有其独到之处，值得深入研究，在这次展会上也一定能够多少找到一些答案。

做出决定后，还有一个问题需要解决，那就是：她一个小小的业务员并没有邀请函，想去的话必须有人带。

于是，董明珠便开始发动自己的人脉，看看有没有人能够帮上忙。

最后，徐州的一位相熟的经销商听说董明珠想要参加"春兰订货会"，表示这是一个非常好的开阔眼界的机会，到时候跟着他的团队一起过去就可以了。

获得了参会的资格，剩下的就是做好准备出发了。

订货会所在的城市是扬州，是古闻名的繁华之所，因为地理位置的优越,是连接东南与北方的重要中转站,所以,此地聚集了无数南来北往的人士,再加上风景的优美,成为一处集商业与旅游于一体的综合性城市。

董明珠很快就同相熟经销商的团队一起来到了扬州。

在这里,她并没有花时间去关注城市的物华天宝、人文风流,她的脑海已完全被春兰订货会占据,这在从某种程度上也说明了她的专注。

由于订货会的发布方春兰在业界中的地位,此次展会对于空调界来说必然是八方荟萃的热闹局面。全国各地的经销商纷纷来到此处,既为参观,也为寻找机会。

董明珠作为格力的业务员,颇有点儿单身赴会做"卧底"的味道,当然,她的目的说白了和那些经销商并没有什么区别,同样是来参观,同样是来找机会。

订货会虽然以"春兰"冠名,但显然不会是其一家唱独角戏,展会的主角们其实还是来参会的各路经销商。

在开幕的讲话等例行环节过后,经销商们便开始了相互之间的交流。

而在中国,最好的交流场合自然是在餐桌上。

订货会为此准备了大桌的淮扬美食来招待前来捧场的四面八方的朋友。

俗话说,饭桌之上,再陌生、再紧张的气氛都会得到放松。所谓坐在一张桌子上吃饭便是缘分。于是几筷子下来,经销商们便纷纷放下了顾忌,打开了话匣子,谈论起了各自了解的信息,在他们的口中,各个牌子的逸事一件一件地被抖搂了出来。

比如春兰,所有人都承认它是业界老大,但是它也有做得不好的地方,那就是服务有些跟不上,与其合作总有一些顾虑。说着说着,甚至有人表示应该联合起来让厂家让利。

董明珠听着这些言论,在长见识的同时心里也在暗暗思考,若是格力遇到这种经销商联合起来的情况该怎么办。

当然,董明珠也没忘记自己过来的初衷:寻找新的商机。

机会很快便来到了。

吃饭的时候，采取的落座方式是自由落座，即哪里有空座就坐在哪儿。

董明珠所坐的那一桌有六男二女，除了另一位女士比较陌生外，董明珠和其他人都认识，所以能够聊得比较投机，而那位女士看起来和所有人都不熟悉，独自坐在一边显得有些孤单、落寞。

同为女性的董明珠看到这种情况，恻隐之心顿起，遂主动过去和她聊了起来。

一番交流之下，两人迅速地开始变得熟络，逐渐有说有笑起来。

那位女士问董明珠是哪里的，董明珠大方地承认说：其实我并不是经销商，只是跟着别人一起过来学习参观的，我实际上是珠海格力厂的一名业务员。

听到这儿，那名女士顿时产生了兴趣，说：我是江苏五交化的，我们那也销售空调，能给我说说你们的产品吗？

五交化？董明珠听到这个名词，敏感的神经一下子被触动了。这是一家比较知名的公司，在江苏省也拥有响当当的声誉，据说资金雄厚，自身销售渠道丰富。如果能够让自家的空调进入这家公司的销售范围，想必会给格力在整个江苏的局面带来巨大的改善。

想到这里，董明珠立刻打起了十二分的精神，开始积极地向这位新认识的女士介绍起了格力产品的性能，并主要介绍了格力的技术水平，如刚研发出来不久的大圆弧流线型结构的窗机，不仅自带压缩机自动保护装置，设置了三挡风速供调整，而且噪音非常低，低到何种程度？经国家家用电器质量监督检验中心检测，48 分贝！比国家规定的 54 分贝的标准还要低出许多。

听着董明珠滔滔不绝的介绍，新朋友很感兴趣，问：听起来，你们的产品很不错啊，那你们的厂子怎么样？

董明珠也没有任何隐瞒，直接把真实情况告诉了她：厂子不大，每年的空调生产量是 2～3 万台。

董明珠知道说出这种现状会有一定的减分,但她还是选择如实相告,她感到在这种一查就能清楚的事情上玩虚的没有必要,应该随时随地以诚相待。当然,董明珠也十分有技巧地将格力未来几年的发展前景一并说了出来,以给对方一定的信心:格力正在做大规模工程技术改造,一个占地 10 万平方米、投资达 3 亿元的新厂正在动工,一旦建成,厂子的生产能力将会飙升到每年 100 万台以上,空调的品种也将得到极大地丰富。另外,前不久,格力厂还在厂长朱江洪的领导下研发出了功能强大的格力空调王,质量等各方面都是奔着国际市场标准去的。其类型属于流线型的分体式壁挂机,智能控制,有通风除尘、温度调节、独立除湿、调节风速和睡眠等多项功能,技术标准完全达到了国家 A 级规定,已经进入了香港的多家商场售卖,前景十分看好,或将成为格力未来的拳头产品。

五交化的女士在董明珠的描述中仿佛看到了一个正处于快速上升期的潜力股公司,她与外向的董明珠也十分投缘,最后,她决定要交下这个朋友。于是,她拿出名片递给董明珠说:要是有时间的话,来我们五交化一趟吧,我把你介绍给我们的老总。

董明珠接过名片一看,才知道其职衔是江苏省五交化公司的业务经理。

原来还是自己的同行。董明珠欣然答应道:好,我到时一定会去!

接下来的时间就在闲聊中度过,订货会也在这种自由交流的气氛中顺利闭幕。

此次展会之旅,董明珠深感不虚此行,不仅开阔了眼界,见到了空调业界老大的气场和许多各地的经销商,最为重要的是无意中与江苏五交化搭上了线,这对她接下来的南京攻略有着至关重要的作用。

会后,董明珠并没有一点儿放松的意思,她还记挂着安徽的市场,于是又马不停蹄地坐上了转场的火车。

花了几天时间梳理了一遍安徽的事情,直到确认没有纰漏为止。然后,董明珠又迅速赶回了南京,她一直惦记着五交化的事情,想要趁着热度还在迅速地更进一步。

然而像是差了点儿缘分一样，她第一次到五交化去的时候，那位在订货会上认识的女业务经理恰好出差，董明珠遗憾地与之错过了。

事后，董明珠自我反省道，应该在来之前先打电话才对。于是，待她回安徽后，隔不了几天就给五交化打一次电话，问问对方的行程。几次之后，终于和她本人通上了话。对方听到董明珠的声音，明显也很高兴，并表示欢迎过去商谈。

为免夜长梦多，董明珠当晚就坐上了开往南京的火车。

这次来到五交化，不再像上次那样匆匆而过，董明珠开始有意观察起了其内部布局。这家公司在江苏商业厅的大楼当中，官味儿很浓；其位置在整座建筑的后楼，十分靠里，很不合适做生意；另外，连零售场地都没有，根本不像是在做生意。

走进后楼，来到门上写着"业务经理"的办公室，董明珠终于见到了上次结识的新朋友。

女业务经理笑容满面地表示了欢迎，然后略带歉意地说道：真是不好意思，我们老总正好没在，没法介绍你们见面。

董明珠闻言，心里自然是有些失望的，但是她也没太在意，能见到新交的朋友，增进一下关系也是好的，来日方长，合作哪里会是一帆风顺的呢。随后，董明珠一边和女业务经理聊着天，一边将事先准备好的资料递过去，并说：如果可以的话，希望你能告诉你们老总，有空来我们珠海格力考察一下，和我们的厂长见见，实地看看我们的技术和产品，相信到时候他会感受到我们的实力和诚意的。

发出这样的邀请后，董明珠并没有抱太大的希望，这并非公司之间的正式公务邀请，而只是自己一个业务人员的口头邀约，人家会不会仅仅将此当成客套话？或者人家大公司的老总会不会将此放在心上？对此，董明珠不得而知。

然而让董明珠意想不到的是，就是自己这次不经意的邀请，促成了后面12月份五交化的钱总和格力厂的朱总的见面。

这真是有心栽花花不开，无心插柳柳成荫。

应该说，能够让五交化的老总到格力的本部去考察，合作等于已经成功了一半。

之所以这么说，是因为格力厂长朱江洪。

朱江洪是典型的技术官员出身，其气质朴实忠厚，让人一看就心生信任之感。而开口谈话之后，朱江洪在工业制造上的丰富知识更是会增强这一感觉，别人就会认为这是一位真正的空调专家，不可能骗人，有着这样一位专家的厂子，其产品质量一定也是可靠的。

可以说，朱江洪为整个格力定下的技术为先的调子，为将来格力的崛起奠定了十分坚实的基础，在其带领下，一批中青年技术人员聚集在他身旁，将格力的产品技术水平逐渐推向了国内前列的位置。有一个数据可以很明显地展现这种技术至上的氛围，那就是在整个公司中，拥有技术职称的员工占了全体员工的38%。

还有一点，就是朱江洪对格力产品质量的极端重视，他甚至在空调机装配厂放了一把大铁锤，向所有人宣布说，只要有质量不合格的产品，立刻就地用铁锤砸掉，决不能让次品流入市场。

就是这样一位领导者，相信任何一位正常的商家都会看到其未来崛起的前景，也愿意与这样的人合作。

事情的发展印证了董明珠的猜想，当五交化的钱总去了一趟珠海格力厂后，果然被朱江洪的人格魅力和格力厂一派欣欣向荣的氛围所折服。没过几天，江苏五交化总公司便正式向格力提出了合作事宜，表示由他们来做格力空调在江苏全省的总代理，并保证1000万元的年销售额。

应该说，五交化提出的合作方案还是有一定诚意的，但是朱江洪也有其考量：安徽这样一个贫穷的省份都能有1600万元的销售额，若是在江苏如此富庶的省份的销量只定在 1000 万元，总有种不匹配的感觉。所以，朱江洪向五交化提出了另一个方案，那就是由五交化代理苏北地区，仍以 1000 万元的销量为底。

这个方案一出，五交化一方不干了，经过一番磋商，即在数量的问题上反复拉锯，钱总最后定下了他们的底限：以 1000 万元销售额为基数，要想更多就得给出 0.5% 的奖励。

朱江洪一口回绝了这个方案，在他看来，不能因为一个经销商就打破惯例，以前从来没有给经销商奖励的事，如果给了五交化，那么其他的经销商要不要给？这样多出许多成本不说，由此而来的麻烦估计也不会小。

就在局势面临僵持之际，董明珠不断在其间游走，发挥着润滑剂的作用。

她深知这次合作对格力在江苏攻略的重要性，甚至可以说，若是能搞定五交化，那么就等于将江苏的市场打开了一半，端得是举足轻重。

为此，她先是往五交化公司奔波多次，奈何钱总死活不愿松口。

权衡之后，董明珠决定还是从自家这里寻找妥协点。于是她找到朱江洪，分析了一番利弊：格力此前在江苏没有多少基础，苏北不比苏南，经济情况并不好，等于销售增长全得靠苏南的几个较发达城市。这种情况下，要从 300 万元增长到 1000 万元，其间肯定要花费不少的资金和资源。而且，即使以 0.5% 的比例给予奖金，超出部分的利润肯定不止这个数，超出越多，利润越多，还不需要我们出力、出资源，省下来的广告费恐怕也是不小的数目。

朱江洪并非不知变通的人，在董明珠的劝说下，他也看出了其中的利弊，于是非常干脆地拍板道：你说得不错，就按你说的来吧！

从全国的局势来看，这个决定做得十分及时。因为随着市场经济的大潮越发汹涌，越来越多的厂子开始试水白电领域。短短时间内，全国竟然多出了几百家空调厂，竞争瞬间变得极为激烈，如果不能抓紧时间从中小空调生产厂家中脱颖而出，势必会陷入低端竞争的旋涡当中。

或许董明珠也隐约看到了这一点，在忧患意识的催促下，这才急着要促成与五交化的合作。

好在她的劝说在自家老总身上起了作用，僵持的局面一旦一方妥协，进展立刻就会变得飞快。没多久，格力与江苏五交化正式签约，敲定了总代理的合作关系。

签下合约后，五交化十分豪爽地将第一笔200万元的款项打到了格力的账户上，这股现金流的注入无异于给格力打了一针强心剂。要知道，当时还是12月，正是空调销售的淡季，从来没有经销商会在这段时间大量进货。

另外，在当时国家情势上还有一个重要的信息，就是中国恢复关贸总协定成员国的可能性很大，一旦此事成真，则意味着国内市场将迎来前所未有的冲击，而空调行业将会是重灾区。

这种情况下，五交化选择大量进一个国产不知名牌子的空调，在当时许多人包括很多专家看来就显得极为不智了。

但是，五交化也颇有魄力。钱总认为：无论怎么样发展，将来空调的竞争都会变得极为激烈，甚至爆发大战也不是不可能的。在这种情况下，做名牌不一定有多少利润，而选择有潜力的冷门牌子说不定会有意想不到的效果。

后来的事实证明，这样的选择十分具有前瞻性，或者也可以说，五交化押对了宝。

冷眼旁观广告大战

> 企业往往会在广告上面耗费大量的金钱和精力。然而，当许多企业一窝蜂地搞广告战时，或许最好的做法就是静观其变。

1993 年 1 月，空调市场上出现了一场广告大战。

这场大战从开始到结束，断断续续持续了一年多的时间，波及了市场上的许多国内品牌，堪称激烈又惨烈。

作为空调业界中的一位业务员，董明珠显然不可能在这场大战中置身事外。

而身处这样的事件中，董明珠也不觉得有多么激动，在她看来，这是一种内耗，属于没有真正找准点子的低端竞争。

在这方面，发达国家往往会尽量避免。

发达国家经过上百年的经济领域的实践，在各方面都有了十分成熟理智的做法。一个产品，一般由几个领头企业加上为数不多的中小企业在里面竞争，然后，在争夺市场和客户的过程中，主要凭产品本身来说话，很少会采用中国式的盘外招。如此一来，竞争到最后是很明显的胜利者与失败者的游戏，而不会像中国这样，竞争到最后谁也没占到便宜。

典型的像日本，在其空调领域有三菱、松下、东芝等几家在做，而且从开始到后来也一直是这几家。没有那种哪个领域赚钱，一大堆中小企业就往哪个领域扎堆的情况,而且,它们的竞争也主要集中在产品的差异性上,尽量避免恶性竞争。在日本人的思维中,一个领域发展到成熟阶段,其利润应该有一个固定值,各个企业应该很接近,这样一来,才不会出现拥挤现象。

再者,发达国家的行业协会是真正起着作用的,对于商业活动中过热和过冷的情况,相关协会通常都会从整体出发,积极主动进行协调,以避免盲目上马、供过于求。有着各种机制保证市场的规范发展,不当及不规范的竞争自然会逐渐消减,市场上的厂家本身也会不自觉地维护这种秩序,最后进入一种从提高产品质量、降低生产成本出发进行竞争的良性循环当中。

在这一点上,显然中国需要学习的地方太多。

回到 1993 年的广告大战。

开年之初,起先是浙江的西泠空调器厂在上海一家报纸上登载了整整一个头版的广告,由此拉开了广告大战的序幕。

一整个头版版面都是广告,这样的方式的确非常吸引眼球,翻开报纸,第一眼看到的就是满眼的产品图片和信息,想不记住都难。

然而,这就像是强力药剂一样,在吸引了群众目光的同时,也深深刺激了同行们。

没有人愿意落在别人后面,既然你能用整个报纸头版宣传自己,我也要想点儿类似的方法吸引眼球,不然名声岂不是就被盖过去了吗?

然后就是八仙过海,各显神通了。

报纸上能够占据的版面一时间被铺天盖地的空调广告全面占据。

大横幅、大招牌在各处显眼的地方迎风招展,誓要占据路人的每一寸视线空间。

一轮又一轮的促销活动此起彼伏,你让利 5%,好,那我就让利 10%!

抽奖活动也不甘人后,奖品从开始的小件物品到后来的家用大件,有时候甚至还打出奖励彩电、冰箱、汽车的口号……

为了卖出产品,仿佛什么手段都是可以使用的,情形之严重,简直堪比国际上的美苏争霸战。而厂家们尽管在这场大战中不断地"失血",但他们仿佛都认准了一件事:不失血,就会死!然后红着眼睛继续在大战中挣扎。

需要指出的一个背景是,1993年第一季度,全国主要城市出现了不同程度的通货膨胀,物价涨幅一度达到16%。在这种什么都在涨价的环境中,普通民众纷纷本能地将存在银行的钱取出来,然后抢购各种大件高档耐用品,来做到一定程度的保值。

空调作为被打上奢侈品标签的产品,是抢购热潮当中的宠儿,这也就在某种程度上促使了广告大战往越发激烈的方向滑去。

南京市场。

在广告之战中,最为激烈的部分不是发生在空调品牌之间,而是发生在苏宁和南京的八大商场之间。

当时的苏宁还不是如今叱咤风云的巨无霸,它的前身是南京玄武区工业公司下属的一个小小的批发企业,最开始仅有十个员工。

就是这么一家不起眼的企业,十分敏锐地抓住了空调市场趋向火爆的节点,然后魄力十足地倾尽所有在市场上投入大量广告,报纸、电视、电台,能够被民众看到的地方都在持续进行着饱和式广告轰炸。然后,它又使出让利酬宾、低进低出等手段,在短时间内,竟然一度占据了南京空调市场70%的份额。

苏宁的强势崛起,显然对南京原本的商家格局造成了极大的冲击,曾经风光无限的国有大商场自然不愿意坐以待毙,于是联合在了一起,成立了"南京家电拓展协调委员会"。董明珠曾经打过交道的人民商场和太平商场均在其中。

为了给新近出来"搅局"的苏宁一点儿颜色看看,委员会公开发布了一条声明:鉴于有商家压价倾销产品,将损害大多数同行的利益,为此,我们将采取反击手段,统一定价并停销。

声明发布后,八大商场随即采取了行动,对空调实行统一价格并统一售后服务。也就是说，只要有人在八大商场中的任意一家买了空调，若是出了问题，可以在八大商场中享受同样的调换和维修服务。

联合起来的委员会一开始就摆出了气势汹汹的架势，打得显然是泰山压顶、一击毙命的算盘。

在这场争端中，董明珠所在的格力作为生产厂家，虽然也受到了一些波及，但她并不打算掺和进去。在董明珠看来，有竞争者出现，对于市场的发展是好事，但是由此弄到压价血拼的地步，实际上偏离了正道，不管是对厂家还是对商家都没有好处。所以，这样杀敌一千、自损八百的大战，董明珠实在是兴致缺缺。

就让他们自己争去吧！我们格力只要做好自己，然后隔岸观火就行了。

然而，尽管想"独善其身"，却依然难免受到战事的影响。

1993年3月，格力送到一些商场中产品连续半个月没有开张，形势怎么看都有些不妙。

董明珠有些坐不住了，要是这种情况再持续一段时间的话，肯定会对格力的声誉产生很大影响，以后再想在江苏发展势必会变得很困难。

必须想个破局的办法！

于是，董明珠再次冲上一线，三天两头往五交化跑，寻找着机会。

功夫不负有心人，机会真就出现了。

某天，商业厅的陈厅长来到了五交化，钱总顺便把他介绍给了董明珠认识。

看到陈厅长的那一刻，董明珠作为业务员的神经猛然被触动了：这不就是自己苦苦寻找的机会吗？若是能够说动这位商业厅厅长买上一台格力空调，所起到的示范作用肯定比什么广告的作用都要好啊！

于是，董明珠有意在谈话中说起了空调的事情，幸运的是，这位商业厅万长家中正好没有空调，恰是最合适的潜在购买者。

董明珠迅速化身为一名执着的推销员，开始不断向陈厅长灌输格力空调的各种优点，如质量可靠、技术先进等。

在董明珠的反复"纠缠"下，陈厅长终于动心，买下了一台格力的分体式空调。

这算是格力的首度开张。

随后，跟随效应开始显现，一些内部职工也跟着买下了格力的窗机式空调。

形势逐渐好转。

5月，因为夏季即将到来，南京空调大战的硝烟变得更浓。苏宁再次掀起了新一轮的广告攻势，公开与八大商场叫板。联合委员会自是气愤异常，威胁要对某些单位停止批发。局势几乎到了撕破脸的地步。

格力依然没有掺和进去，只是站在一边冷眼旁观。

一个月后，市场的变化意外地打断了这场大战。因为夏季的到来，市民对空调的需求空前高涨，市面上的空调产品居然脱销了。

供不应求自然带来价格上涨，前面压价式的广告大战进行不下去了。

市场经济模式用其自身的规律给所有仍然带着计划经济思维的商人好好上了一堂课，既然已经是市场经济了，人为操控必然让位于市场上看不见的那只手！

7月份，发生了一个小插曲。

江苏电视台联合统计局举办了所谓的空调评比联赛，格力意外地随着华宝这样的大品牌登上了排行榜，在制冷效果和售后服务的打分上，均获得了9分的高分。

20世纪90年代，在电脑还未出现的时候，电视就是传媒之王，能在电视上露脸，往往意味着能带来名声的巨大提升。那时候，信息的获取方式就是如此单一，所以才有一部《渴望》红遍中国大地的奇迹出现。电视广告也处于方兴未艾的境地，而出现在电视节目中的产品似乎往往也带着一种"官方认可"的意味，因而往往比真正的广告效果好得多。

当然，后来有商家尝到了甜头，又打着评比的旗号继续做了更多类似的节目，使得这种新的"广告形式"迅速地被注入了水分。

不过至少格力在被评比上榜的时候，这种形式还是比较新颖的，人们也还相信评比的真实性，就连《江苏经济报》都发文称格力空调是后来者居上。

总之，1993 年这一年，一场空调广告大战在突然中爆发，又在意外中结束。

内部问题爆发

> 有些企业没有倒在外部竞争中，而是倒在了内部自耗上。这表明，要想走得远，内部管理要首先理顺。

南京市场在董明珠的努力下，慢慢地走上了正轨。

原本这样发展下去，未必不是另一个安徽市场，甚至因为其富庶程度，其发展前景说不定更好。但是，凡事总会出现一个但是，就在一切运行顺利的时候，一个小插曲打乱了她的步调。

当时，董明珠正在格力办事处忙碌，忽然接到了苏宁那边打过来的电话。电话里，对方语气不善地质问：为什么要卡我们的货？

一句没头没尾的话，让董明珠好半天没反应过来，她反问道：谁卡了你们的货？

对方以为董明珠在"装傻"，便大声道：还能有谁，别人告诉我，就是你在厂里卡了我的货！

董明珠感到莫名其妙，问：你在哪儿进的货？

那人不耐烦地答道：还能是哪儿，不就是你们的第二办事处！

董明珠闻言心中"咯噔"一下，格力在南京哪来的第二办事处？要知道，她接手南京市场没多久，为了办事方便才设立了固定的办事处，所以，整个南京应该有且只有她这一个办事处才对。那个第二办事处是从哪儿冒出来的？

电话那头见董明珠沉默了，也不想把关系搞得太僵，于是打算将这件事情翻过去，说：这样，你把货发过来，以前的事情就算了。

算了？怎么个算法？董明珠没有顺着对方，而是告诉对方去五交化拿货，毕竟当初签的合约规定五交化是江苏唯一的代理。

对方问：去五交化拿？那边的价格怎样？

董明珠便把价格表传真了过去。

对方一看价格表，又发起了火：价格怎么差这么多，你们格力在搞什么？我不去五交化拿，只从你这里要货。

看来，那个所谓的"第二办事处"给他的报价应该很低。

董明珠本来就对这个突然冒出来的"第二办事处"大皱眉头，对方又近乎不讲理地要挟自己，大热天的是个人都忍不下去，于是她不耐烦地回敬了一句：谁答应的你，你就找谁拿货去！

说完，"哐"的一声放下了电话。

生气归生气，事情还是要搞明白的，不然平白无故地出来个打着格力旗号的办事处，以后的生意还要不要做了？

董明珠首先想的是找总部问问情况，因为当时实行的是业务员分区负责的制度，她担心其他地区的业务员擅自"捞过界"。总部方面接到消息后，表示并不清楚具体情况，需要调查一番。

没过多久，事情的始末总算弄清楚了。

当初朱江洪让董明珠接手江苏市场的时候，出于自己的精力问题和同事之间的关系问题，董明珠只选择了南京市场，江苏的其他地方仍然是归以前的业务员负责。在当时看来，算是个两全其美的选择；然而现在看来，还是出了问题。

当董明珠辛辛苦苦在南京打开了局面之后，那位前业务员竟然没有和任何人打招呼，就悄悄地在南京开了个所谓的店面，打着办事处的旗号，将自己手中的货放到这里卖。更加糟糕的是，此人采取的仍然是先货后款的销售方式，安装费只按 70% 来算。

本来，此人做得十分小心，奈何碰上苏宁要货太多，一时周转不过来，然后苏宁那边一番打听之下竟然找到了董明珠，事情就这么暴露了。

要说那位前业务员做事实在是不地道：南京还在他手上的时候，整个江苏市场的销售额加起来也不过 300 万元，总厂为了扭转这一颓势才让董明珠接手了南京；现在看到南京做出了样子，便立马跑过来摘桃子，还是悄悄地摘，如此行径比"捞过界"还要不堪，其自身仅仅得到了一点儿微不足道的好处，却给公司的声誉造成了严重的损害，也打乱了整体的销售布局。

而且，在"偷跑"的情况下，那位业务员也只不过在南京这里做出了几百万的销售额而已，相比之下，董明珠在南京的销售总额是 3650 万元，之间的差别不可同日而语。

事件最后的结果是，格力总厂将这名损害公司名誉的业务员开除了。然后以此为契机，制定并完善了一系列的规章制度来规范业务员们的行为。

这一个小插曲如同一道涟漪，在董明珠的销售生涯中一闪就消失了，但也给董明珠带来了一些明悟：一个企业要想在市场中站稳脚跟，除了产品质量、营销策略外，内部管理也是重要的一环。如果这一环脱了节，将会影响到公司在整个市场中的动作。

1993 年就这样在各种磕磕碰碰中过去了。

这一年，董明珠负责安徽和南京市场，靠着自身的拼劲儿，交出了一份令人满意的答卷，两地的销售额加起来近 5000 万元。也是从这一年开始，格力彻底打开了江苏市场，甚至能和春兰、华宝等大品牌掰腕子。

也是在这一年，格力本厂完成了一期工程改造，建立了新的产能达到百万台的厂房。这意味着格力不再是过去的小厂，在市场化的浪潮中，格力经受住了考验，将潜力真正转化为了实力。从另一个方面说，格力的壮大，对于董明珠是一个利好消息，她的平台自此变得更加广阔，也给了她应付接下来的 1994 年的品牌大战足够的底气。

第五章　乱战

随着空调逐渐走进寻常百姓家，空调销售最好的时代悄然来临，然而，厂家商家之间的竞争也开始趋于激烈。若要在这样高强度的竞争中生存下来，需要的不仅仅是手段，还有坚持和信念……

大战前的意外

> 激烈的大战前，是紧张的气氛，为此做
> 出怎样的准备都不为过，然而，天有不测
> 风云……

1994 年，原江苏业务员因扰乱公司的销售计划而被炒了鱿鱼，江苏市场就此空缺了出来。

在此情形下，格力要么派遣新的业务员去接管江苏，要么干脆让已经在南京做熟了的董明珠接手整个江苏。

前一个方法缺点很明显，新的业务员去了之后，一切又得从头开始；后一个方法虽然不错，但是让董明珠负责两个省，恐怕难以兼顾。

最后，公司还是采用了后一个方案，在和董明珠商量之后，让她接手江苏市场，当然，董明珠则将手中业已成熟的安徽市场交了出来，此后便专攻江苏市场，等于第二个方案的缺点也没有了。

对于董明珠的选择，旁观者说什么的都有，不过大多数人对此都表示不理解，扔掉自己辛辛苦苦开发完善的市场，接手一个新的市场，这不是傻吗？

但是董明珠自己显然不是这么看的，在下定决心放弃家乡的安逸生活南下闯荡开始，她就有了觉悟：我来南方，不是为了别的，只为梦想，只为挑战。

如果只是抱着小富即安的思想，那么守着已经做好的安徽市场也未尝不可，但是，这不是她的追求，安徽一个省做好了又如何？格力仍然只是空调业界当中不起眼的一个。但是，若是能将富庶的江苏市场彻底开发出来，对于格力整个公司来说，意义将比安徽市场大出不知道多少倍。若想真正成为媲美春兰等大品牌的全国性名牌，就必须经过这么一遭。所以，放弃安徽市场并不是傻，选择江苏市场也不是想不开，而是从全局出发，选择了一个更高的起点。

这是格局上的抉择，对董明珠以后能够达到的高度有着至关重要的意义。

走出这一步后，董明珠确信自己能够在自己选择的这条道路上继续行走下去。有句话叫，自己选择的路，哪怕跪着也要走到底。这其实说的乃是一种执着与坚持的精神，现实当中，真正能够做到这一点的，很多人最终都走出了一片辉煌。

总之，抱着足够的信念与信心，董明珠摩拳擦掌，准备拿出在安徽时候的那种韧性，在江苏市场上好好地大干一场。

当时，由于之前很多厂家看到了家电等大型家用品需求的增长，纷纷转型进入这个领域，一窝蜂的现象迅速导致了供过于求的局面，前面的广告大战只是前哨战，更加残酷的品牌竞争即将打响。

1994 年，冬季之后。董明珠站在江苏的土地上，踌躇满志。

由于江苏处于长江中下游，一到春季，雨天就持续不停，气温自然也一直走低，这样的天气自是对空调的销售不利，导致 4 月过去之后，格力的销售还没有开张。

原本应该是空调销售旺季的第一个月，却遭遇了寒冬一般的开局，如此情形让人揪心不已。

董明珠也只能一边做着准备工作，一边等着天气的转变。

事实上，所有的空调厂商都在翘首等待。

所谓天有不测风云，就在等待之中，董明珠遭遇了一场车祸，打乱了她在江苏的步调。

那是在 1994 年 5 月下旬的一天，五交化的人约了董明珠去徐州，董明珠应约前往。约定的那天，董明珠早早起了床，然后走路赶去约定的地点。8 点多钟正是上班的高峰期，街上人来人往，络绎不绝。

因为心中想着事情，董明珠一路低着头往前走，并没有注意旁边的情况，结果，一个骑自行车的人从她旁边蹭过，将她带倒在地。

倒地的瞬间，董明珠顿时感到腿部出现了剧烈的疼痛感。

糟糕！董明珠心中"咯噔"一下。

好在骑车的人没有逃之夭夭，而是将董明珠扶了起来，一边忙不迭地道歉，一边还要送她去医院。

然而董明珠和人有约，眼看约定的时间就快到了，哪里愿意往医院跑，所以，随便说了对方几句之后，董明珠就快步离开了。

常年在外奔波，免不了磕磕碰碰，所谓轻伤不下火线，说的就是这种情况了。

到了地点没多久，五交化的人也正好开车赶到，看到董明珠一瘸一拐的样子，连忙问道：你这是怎么了？

董明珠随意挥挥手，说：没什么，被一辆自行车碰了一下。

五交化的人听了也觉得没什么，也就没放在心上，待董明珠上车后，就往徐州的方向开去。

路上，原本以为的小伤开始发作了，疼痛感越发的强烈。要强的董明珠没有说出来，只是咬紧牙关，打算一路忍下来。

等坐着车到了目的地，当天晚上，其伤势越发严重，卷起裤腿发现了明显的肿胀。

到了这个时候，董明珠也知道不是小伤了，而且，头也开始变得昏昏沉沉。

就这么强忍着不适，董明珠硬挺着在徐州办完了事。

回到南京后，董明珠立刻去医院做了检查，一套流程下来，医生告诉她：低烧，腿部有撞伤，再加上疲劳过度，导致免疫力下降，可能会有一场大病，最好住院调理。

这回董明珠没有硬撑，毕竟是真的不舒服，于是遵循医嘱，在医院住了下来。

当然，她以为只要几天或者顶多几个星期就可以调理好出院，但是，命运仿佛跟她过不去一样，看似没什么的小伤，硬是将董明珠按在病床上躺了两个多月，这几乎让她抓狂。

在住院期间，果然如同医生说得那样，董明珠开始发烧，一病不起。

董明珠因此一度情绪低沉，看着窗外仍然没有转晴迹象的天气，她对江苏市场的销售情况越发地担忧起来。或许也因为躺在病床上，一种无能为力的无奈感充斥其心间，她甚至一度产生了回珠海的念头。

不过这个念头刚一闪过就被否定了，这和她一直以来的规划不符，更和她的性子不符。

所以，必须忍耐，并坚持下去。

因为住院，很多工作无法开展，但是董明珠也没有闲着，她尽可能地通过自己的人脉渠道打听市场上的消息，然后期望从中得到一些有价值的东西。

在汇集各个渠道得到的消息时，董明珠还真从中看到了一些山雨欲来风满楼的端倪：从各个空调场以及经销商的动静来看，一场空调大战似乎正在酝酿之中。

……

国际国内时局

> 这个时代不仅充满了机遇，而且充满了挑战……

当董明珠躺在病床上时，外面的世界依然按照既定的规律向前走着。

1994 年，又是一年的高通货膨胀，通胀率一度高达 18%。

自 1988 年闯关失败，物价一直在飞涨，直到 1992 年才控制住，然而，通货膨胀仍然维持在较高水平，很多人担心 1988 年的挤兑和抢购风暴会再次出现。在这样的大背景下，空调这种高端白电的销售自然深受影响，而这种影响对于空调业本身来说，应该算是利好的。因为如果通货膨胀太过厉害的话，民众自然需要寻求可以保值的物品，实用系的家电就是较好的选择，所以，空调业的春天行将不远。

若将眼光仅仅放在空调业界本身来看，也能看出一片"繁华"的景象，用"形势一片大好"形容一点儿不为过。

可以用一组数据来描述这种"盛况"：1994 年当年，众多制造厂纷纷转型进入空调领域上马生产线，导致全国的空调器生产流水线一度达到了 150 多条，合计年生产空调能力达到 500 万台以上。

当然，这种"繁荣"看起来更像是盲目地扎堆。

原本，空调的市场需求是较以前有大幅度增长的，预计仅 1994 年就会有 200 万台的需求量,这一点也印证了空调业春天的到来,奈何盯着蛋糕的人太多,若是把国内的空调产量和进口空调的数量一相加,1994 年将会有 700 万的空调进入市场,这意味着 3 台空调在抢 1 个顾客。

仅此一点,后来的空调大战就难以避免。

另外,合资企业的兴起也促进了大战的爆发。比如 1993 年,日本三菱重工业株式会社就与青岛琴岛海尔公司签订了合资兴建三菱重工海尔(青岛)空调机有限公司的协议,准备抢滩登陆中国的空调市场。

日本经济在 20 世纪 90 年代开始由盛转衰,广场协议的签订和泡沫经济的崩溃,导致日本内需的不景气,加之日元升值、产业调整,制造业开始向外寻求出路,一水之隔的中国便成为日本相当多企业的第一选择。

以前,中国市场所见的外国空调除了进口货就是走私产品,在最开始中国民用轻工业尚未发展起来的时候,进口空调的数量比国产的多;到后来随着经济和工业的同步发展,进口空调的数量有所下降;再往后,作为进口配额产品,需进口许可证、关税高达 100% 的空调,进口量继续受到控制,市场价格居高不下,比国产空调的价格高出 80% 甚至 1 倍,对国产空调的冲击并不强。

但合资厂的出现改变了这一状况。

合资产品等于直接废掉了国内产品的本土优势,由于避开了高关税,从而在价格上拉近了双方的差距,加上国外的技术优势,国内的空调厂家大都感到了沉甸甸的压力。

所以,国内空调厂家无不在利用有限的时间拼命发展,引进生产线的引进生产线,引进空调器检测实验设备的引进检测设备,有些甚至比国家测试中心的设备还要齐全先进。

1993 年,广州市消费者委员会在市内大商场质量监督检测中心做比较检测,一些国产名优空调机质量已达到甚至超过了国外名牌的水平,格力便是其中之一。

……

若从参与空调竞争的商家方面来看，情形也在悄然发生变化。

十分明显的一点就是，以家电集中式售卖的大卖场逐渐从市场中杀出重围，典型的如苏宁，在与曾经占据主导地位的国营商场的竞争中，靠着灵活的反应，很快就超过了臃肿迟钝的旧式商场。

场中竞争选手的增多，也是后来大战爆发的肇因。

再者，空调本身也有着不一样的特点，和其他拿回家就可以用的家电不同，它还依赖于安装这样一个步骤，之后还需要不时的维护。在空调市场未曾火爆起来之前，使用者大多是一些大型单位或者生产企业，这些用户自己就可以搞定安装问题，所以并没有感到什么不便。但是当空调逐渐开始走进普通百姓家，这个曾经不是问题的问题就显现出来了，成为生产厂家需要考虑的重要成本消耗。

在此情况下，因为空调的出货量的增长，以及出货范围的扩大，每到一个城市就要设立一支专门的安装维修队伍，势必要投入极大的人力物力，仅靠厂家自身的力量显然不行，这一点也给了专门的空调经销商崛起的契机。

如苏宁公司和五交化空调部，在面对即将走入繁华的市场时，由于自身的进货量和出货量较大，都选择了组建自己的安装工程队，这两者原本都是批发和零售起家，当空调销量越来越大之后才成为了市场上举足轻重的一极。

当然，经销商也有大有小，小的只有一二十平方米的铺面，大的则超过上千平方米，营业额数以亿计。

1994 年以前，经销商的毛利一般为 15％，卖一台空调的利润有700 ～ 1000 元。但在大战中，如 1993 年 5 月的南京，利润曾跌到卖一台空调才赚 30 ～ 60 元。所以，专业空调经销商从诞生之日，就处于"发展、淘汰、发展"之中，有实力的经销商不断加快连锁店的开设速度，扩大营业范围。

以上是商家的大抵状况，接着看对应的用户一方情况。

1994年，全国城镇市民人均最低收入约1525元，中低等人家的人均收入为2000～3000元，高收入家庭人均为4500～6200元，而人均收入达到2000元的家庭，便具有购买空调的能力。

比起1993年，空调销量事实上是有着不少增长的，体现在空调机的购买上，1993年年底，国内城镇居民平均每百户拥有空调2.3台，其中经济发达的深圳空调普及率为15%，南京、上海、广州为6%～10%。而到了1994年，国家经济调整获得一定成效，尤其是发电量的大幅增长，使得曾经困扰空调的难题得到了解决，许多普通居民由此也能够放心地购买以前不太敢购买的"奢侈品"空调。

当然，由于接下来的空调大战发生在江苏市场，自然也要考虑当地市场对大战兴起的影响。

20世纪90年代的江苏市场，总体是由江苏本地产品、广东产品、进口产品三分天下的。

进口空调当中，又多为日本产品，其型号多达240余种，仅三菱便推出了近40种型号。

相比之下，国货也并不示弱，虽然技术深度和厚度均不如进口货，但春兰、华宝也各自拥有29种型号的空调机，囊括了各种人群的需求。

再看格力，推到市场上与其他品牌竞争的不仅有多规格窗机，还有研发出来主打海外市场的分体式壁挂机。

通过观察市场上空调品种的分布可以发现，窗机虽然仍然占据了较大的份额，但是其下降趋势十分明显，而分体式空调销售量则上升极为快速，呈现出窗机向分体式过渡的趋势。

分体式空调在经过市场的检验后，加上自身一些关键技术如管道氟利昂泄漏问题的解决，其本身美观、安静、占据空间小等优点便发挥出了威力，在市场上占据的份额直线上升。相比之下，窗机的市场份额比例，则从

1991 年的 87% 下降到 1993 年的 83%。

形势十分明显，售价比窗机贵 1 ～ 2 倍的分体式壁挂机，绝对会是 1994 年的销售热点。

后来的事实也印证了这一点。

总之，在多种因素的影响下，1994 年势必将会是一个气氛紧张的年份，厂家或是商家如同风中的大雁，都感受到了市场带来的无形压力和紧迫感。

3 月份，天气乍暖还寒，江苏的上空仿佛已经聚集起了浓重的硝烟，无论是厂家还是经销商，纷纷摩拳擦掌，准备亮出自己的招牌，为即将到来的销售旺季做准备，气氛变得十分压抑，显然，酝酿许久的空调大战终于到了要爆发的临界状态。

当时，董明珠身为格力在江苏的负责人，自然敏锐地嗅到了空气中浓烈的火药味。

然而，她现在偏偏躺在病床上不能动弹，这对未来是一种不好的预示吗？还是上天让她知难而退的警示？或者说，她能应付得了即将发生的大战吗？能够完成今年江苏的任务吗？能够带领格力杀出重围吗？

当然能！

董明珠以好强的性子以及无比的决心将心头的一切疑虑全部打散，从小到大，她从不曾退缩，现在也不会。像她一直所说的那样——我是最好的，我能行！

董明珠做好了迎接一切挑战的心理准备。

……

信心来源于何方

相信自己，相信团队，相信技术……

信心通常来源于实力，显然，董明珠的底气来自于格力本身技术至上的一贯追求。

可以看一看格力在空调大战来临之前所取得的一些技术方面的突破。

首先是分体式空调，早在窗机时代，格力的厂长朱江洪就敏锐地感觉到，未来将会是分体式空调的天下，因此，在他的带领下，一批技术人员加紧攻关，及时推出了KF-20GW型分体式空调王。

这一产品拥有许多技术上的优点，如其能耗比仅为3.3，每小时耗电量仅为540W，这一点甚至比许多进口空调还要好，可以说仅就这一标准来看，它就是世界先进级别的。

也正是技术质量上的过硬，市场和媒体都一致看好格力的这一款型，当时，甚至还有"广货四大天王"的说法，格力便名列其中。

窗机方面，格力推出的则是0.75P-5P的节能型窗机，同样具有相当强的竞争力，拥有6项国家专利，优于同期其他任何国产品牌，还在同期中国专利、新技术新产品博览会上获得了金奖。

品种方面，格力也不落后于那些大品牌，分体式、吊顶式、移动式、落地式、柜式等数十种一应俱全。

前面说过，1993 年时，格力投入巨资新建的厂房完工，满负荷开工的话，空调生产能力能达到年产 100 万台。当然，一般来说，一个空调生产厂家生产能力保持在年产几十万台才能获得最佳的经济效益，多出来的则为储备量。

除了来自格力自身的底气外，在销售端的充分准备也是董明珠不怵空调大战的原因之一。

之前在经营南京市场的时候，董明珠靠着自己的努力，开发了五交化公司这样一个优质的经销代理商。双方在经过一段时间的合作与磨合后，有了一定的互信；后来，五交化的老总在参观完格力新建成的厂房后，彻底认同了这个空调界的潜力股，并在随后成为了格力在江苏的总代理。

五交化本身属于比较大的商场，财大气粗，在困扰许多小经销商的售后维护服务队伍上面，五交化仅仅是大手一挥，就轻易地拉了起来，没有让江苏市场的负责人董明珠花费一点儿心思。于是，董明珠也得以腾出手主抓其他的重要事项，如组织货源、调配品种等。

在正式代理格力空调后，多方努力之下，五交化卖出了不少的格力产品，这证明他们的确押对了宝，良性循环之下，信心随之大增，并表示将会把格力空调的售卖提升到更加重要的级别。

需要说明的是，大多数生产式的厂家本身是不具备多少销售能力的，所以，经销商就是帮助产品实现从零到一的突破中至关重要的一环。于是，厂家在推出一款产品的时候，往往都要先去联系经销商，和各地经销商进行交流、沟通。

在争夺经销商上面，很多厂家都是费尽心思，几乎每一年，都要针对其他厂家的销售策略来重新制订自身的销售方案，以使经销商能够从自家身上获得更多利润，从而在销售倾向上更加偏向于自家的产品。而从经销商一方来说，他们虽然会同时销售很多牌子的产品，但是，那不过是为了给消费者更多的选择，出于精力和利润的考虑，他们一般也只会主推其中的一两种品牌。

格力与五交化的合作就是如此，因为格力的亮眼表现，加上其格力的总代理身份，使得五交化将格力列为了重点推销的品牌。

而格力在拥有了五交化这样的重量级合作经销商后，可以说是更加地有恃无恐了。

……

有了充足的准备，剩下的，自然就是静静地等待大战的到来了。

然而，天气仿佛在和所有人开玩笑一般，梅雨下起来便是没完没了。

董明珠依然躺在病床上，焦急并担忧着。

期间，一些安徽的客户听说了董明珠的病情，特地赶过来看望，这给董明珠阴郁的心情带来了一丝亮色。

无论是不是出于对将来货品如何卖出去的考虑，这种关心都是有着真诚在其中的。

对此，董明珠感动万分。

……

悬崖前大跳水

当其他商家一个个红着眼睛加入降价大战时，冷眼旁观不降价就显得尤为艰难……

时间来到 5 月，阴雨绵绵的天气仍在持续，仿佛打算赖着不走一样，而气温也受此影响，丝毫没有回暖的迹象。

看起来，这一年遇上了罕见的寒春，这对靠天吃饭的空调业不啻于一记闷棍。

在这种情况下，空调商家内心的煎熬可想而知，他们必须互相比着耐心，看谁先在这样艰难的情况下熬不住。

5 月下旬，多米诺骨牌的第一张牌终于现身并倒下：以冰箱跨入空调领域的顺德科龙，最先忍受不住这种长时间不得开张的恶况，在南京家电商场将其主推的分体式空调降价销售，降价幅度达到了惊人的 20%，即降价 1000 元左右。

然后，平衡打破了，一直持观望态度的众多空调厂商再也坐不住了。这就好像一群沉默的鸟，一旦有鸟儿率先出头，立刻便会引来群鸟齐飞，又如同放开闸的池水一样，收也收不回来。

有科龙开先例在前，其他主要品牌也就放开了一切顾虑，一个接一个地开始降价，降价幅度一个比一个大。而经销商之间为了销量，同样把价格战打得如火如荼，有的时候，明明是同一个品牌，你家商场卖 5000 元，我就让利 200 元卖 4800 元，然后你眼看着不对，立刻擦掉前面的价位，把新的写着 4600 元的标签挂了上去……

有这么一个说法：当群体陷入一种非理性状态时，其中的个体也往往很难保持理性。也就是说，这场价格大战一经开始，就有了一种杀红了眼的疯狂迹象，就连那些以价高闻名的进口品牌空调，在这股降价风潮中也没有坚持住，一个接一个降价，加入了降价"狂欢"中。

由于降价的厂家和商家太多，很多人都明白，矜持已经毫无用处了，赤膊上阵才能赢得生机。他们一改往年传统的做法，广告语变得更加直白，直接在上面列出了低得离谱的价格，与原价一对比，降价幅度简直让人难以置信。比如单冷窗机空调，最低降到了 1000 元左右，而分体式空调也跌到了 4000 元左右。

那么，这场降价风暴有没有带来销售上的改善呢？

答案是没有。

因为这次降价风潮实在是太猛，几乎是一天一个价格，不仅没有起到吸引消费者的作用，反而使消费者形成了观望的态度，在心理学期待上，这叫买涨不买落心理。所有人都想再等等看，看看价格还会不会再跌，毕竟，就算降价幅度这么大，空调机仍然还是昂贵的，普通民众的腰包并不鼓胀，等闲不肯掏腰包。

当然，也有等不住的，觉得价钱已经降得差不多了，便迅速入场买下一台回家；然后，过上几天之后便陷入了后悔当中。其中的原因，既有早下场多掏钱的懊悔，更多的还是由降价带来的一系列连环问题。

比如上海就有一家人，趁着降价买下了一台看上了很久的三菱分体式空调。购买当天，商家表现得十分热情，不仅免费送货上门，安装费用也没有收，最后还送了一副雨棚。这户人家对此表示十分满意。

然而好景不长，空调没用多久竟然出现了泄漏，用户连忙去找商家，却不料商家态度大变，先是漫不经心地询问泄漏的时间，刚安装好时是否有泄漏情况。

用户回答说刚安装好时没有泄漏。

商家于是下了结论：这纯属用户自身使用不当，与商家无关。

用户一听就火了，自己买下空调后，除了用遥控器远程操控之外，平时根本没碰过空调一下，怎么就使用不当了？为此，用户找到了消费者协会，要求讨个说法。

消费者协会派出了鉴定专家，检查一遍后认为：产品本身没有问题，就是安装方式有些不当。

原来，在这场轰轰烈烈的价格大战中，空调的利润被削减得极低，彻彻底底成了微利买卖。在这种情况下，商家为了减少成本，就从安装队伍上想办法，用低价从外地民工中招人，稍微培训几天就当作安装工投入使用。如此做法想不出问题都难，这些"临时安装工"往往只是将空调放在墙上就完事，至于其间如何保证稳定等，那是完全没有概念的。

诸如此类的问题可以说层出不穷，连带地让消费者对许多空调的质量产生了抱怨，其实很多空调质量并没有问题，不过是在被降价后的一些不规范操作给殃及了而已，实在冤枉。有鉴于此，后来的一些大品牌宁愿将安装费用放在成本中，也不愿因为这个遭受不白的指责。

在这场降价大战中，虽然消费者受到了一些不好的体验，但是商家也不是赢家。在当时拼得最激烈的杭州，某商场4月至7月的销售总量是6000台，最后结算利润的时候却发现根本没有赚到钱。另一家百货大厦截至6月底出售了1万多台空调，最后算起账来却发现亏了本，实在是让人哭笑不得。

天津的某商场同样于4月开始投入降价浪潮，至7月底，一共售出空调7000多台，结果和杭州那个商厦一样只获得微利，用难听的话来说，就是辛辛苦苦几十天，最后只赚到一碗粥的钱。

南京市场也例外，以价格拼价格的低档次竞争比比皆是，而且广度和强度更甚，许多国际上的知名品牌也在这块战略要地上赤膊上阵，打得是头破血流，整体价格上，比上海、杭州等地平均要低上 5% 以上，可谓杀红了眼的典范。

董明珠其实从来都不推崇这种伤人伤己的价格竞争，看似让消费者得到了一时的低价利益，但是羊毛出在羊身上，商家和厂家受到的严重伤害，最后还是会在消费者身上得到补偿，可以说，谁都不会是大战后的赢家。

而作为格力驻江苏的负责人，董明珠这场降价大战中感受到了巨大的压力。

从格力总部传来的消息说，公司生产出来的空调严重积压，就连过道和车间都堆满了发不出去的货品。

销售情况不好，自然就有人跳出来要求跟着一起降价，而这样的人在格力当中也并不在少数，有财务部门的，这是希望资金尽快回笼；有生产部门的，这是希望尽快出货；有供应部门的，这是希望尽快清空库存；还有各地的业务员，为了自身的业绩考虑，四处呼吁着要跟上"潮流"。

潮流是什么，自然就是降价！

董明珠此时还躺在病床上，但她不敢有丝毫的懈怠，便靠着一部移动电话和江苏的经销商们保持联系。从这些经销商那里，董明珠基本可以了解到格力空调最新的销售情况。而在这些经销商告诉董明珠的话语中，大都充斥着"冷清""卖不动"等让人心焦的词语。

情况明显糟糕透顶。

董明珠感到一种无形的压力，在病中的她由此越发地疲惫。

有些经销商觉得难以为继，一个个打着董明珠的电话，拿出了降价的提议。

董明珠暂时没有答应下来，她凭着直觉感到，跟着降价并不明智，也不可取。

格力公司很快有了新的消息传来，据称，此次全国的天气都有些异常，属于罕见的冷夏气候，所以，"靠天吃饭"的空调市场遭受了重大打击，全国各地皆是如此。

格力下面的业务员和一些中高层都已经坐不住了，纷纷向总部要求降价出货，设法止损。

在多方的催促中，格力高层、决策层举步维艰。

总部的消息同样不是什么好消息，不过是给董明珠原本就焦虑的内心添了一把火。

随着日子一天天过去，经销商们越来越难挨，开始不断地往董明珠所住的医院跑，一见面就是各种唉声叹气：日子难过，货全砸在手里了！他们开始说话语气还较为和缓，后来干脆就有些埋怨的味道了：你们拿了钱自然稳坐泰山，苦的就是我们这些小商人了……

董明珠听着各种抱怨，心里也不好受，只能不停地用一些不痛不痒的话语安抚他们：别急，别急，这不是还没到6月嘛，到时候要还不行，大不了我把货拿回来。

当然，安慰的话也只能暂时起到一点儿作用，时间长了肯定也不行。

董明珠心急如焚，两种选择在她的心中不断地斗争：降价还是不降价，这是个问题！

这其中的利弊得失一时很难看清，从大多数人的角度来看，降价是一件在所难免的事情，支持的人也多不胜数，从格力自己的员工到合作的经销商都在其中。所有人的压力似乎都能从降价当中得到缓解。但是，降价是一件不可预料结果的手段，一旦出现问题，承受恶果的将会是格力整个品牌；相对地，若是逆流而上，坚持不降价，则将要承受难以想象的压力，不仅有来自格力自己员工那里的，还有来自经销商那里的，不唯如此，很可能还会带来仓库积压、与经销商合作关系破裂等严重后果，而承担责任的将只有董明珠自己。

就在董明珠犹豫不决之时，一个电话打到了她的手机上。

电话是朱江洪打来的。朱江洪直截了当地问道:公司上下都在讲降价的事,你怎么看?

听到朱江洪的问话,董明珠浑身一个激灵,既有受到重视的感动,又有受宠若惊的惶恐。显然,在朱江洪眼中,董明珠是个有主见、有智慧的人,值得将大事与之商量。

董明珠短暂收拾了一下心情,想了一想,然后回答朱江洪说:我需要实地调查,给我三天时间。

谨慎而保守的回答,代表着董明珠的绝对认真和负责。是的,在亲自捋顺这场降价大战的情况之前,绝不会贸然进行任何结论式的回答,更别提肯定的保证了。

三天时间,足够走完一些重要的商场并弄清一些细节。

第二天,董明珠出发了。

天公不作美,又下起了瓢泼大雨。

董明珠拖着尚未恢复的身体,艰难冒雨前行。

在路上,看着灰暗的天空,感受着无边的凉气,董明珠强迫自己保持冷静,这种天气是空调大战最主要的诱因,看这样子并没有结束的表现,若是再持续一段时间,自己真的能挺下去吗?格力能够扛过去吗?

带着疑惑与忧虑,董明珠跑遍了南京所有的商场,仔细做着调查研究。

需要弄清楚的归根结底就是一件事:降价有没有效。

这是从结果出发的导向,有效,那么自然就跟着降;无效,那就没什么好说的了。

在南京的某大型家电卖场,董明珠到其空调部走了一遭,看到的是冷冷清清的景象。然后她询问营业员:降价降了那么多之后,来买空调的顾客多吗?

营业员看了董明珠一眼,有气无力地回答:有啥好说的,你看不见吗?根本没人来!

得到这个答案后，董明珠点了点头，心中有了数。

三天的时间，董明珠一直就在各个商场中奔波着，每到一个商场，都是一样的流程——看人流量、询问出货状况。最后发现，商场之间的实际情况都差不多，降价所起的作用十分有限，并没有给销量带来实质性的改变。

显然，对于国内这样一个不成熟的市场来说，降价并没有真正帮助产品提高销量。

将实地调查的结果进行了一番整理后，董明珠就一点儿不漏地汇报给了朱江洪。其中还夹杂着她根据资料做出的个人推断与建议：降价没有用，不可取！

朱江洪就此继续深入问道：为什么这么说？

董明珠组织了一下语言，回答：空调销量不好的根源在于天气太冷，事实证明，降价也无济于事，因为消费者没有需求。

顿了顿，董明珠继续道：说句实话，若只是从自身出发的话，降价是有益的，至少可以与大家保持一致，像公司员工、经销商，大家都好做。但是这样对公司真的好吗？根据调查的情况来看，降价也没有促进销量，没有销量，降价等于毫无意义，反而打乱了公司的节奏和步伐。比如科龙空调，降了快 1000 元，也并没有带来太大的效果。要是今天降价，明天就有消费者排队抢购，那我自然毫不犹豫地支持降价，但现在显然不是降价就能解决问题，归根结底还是天气的原因。

朱江洪听了董明珠的话，阴沉的脸色稍稍有些如释重负的意味，他告诉董明珠，整个公司他只从她这里听到了反对降价的声音，他本人其实也是倾向于不降价，但是奈何全公司的意见在那里，他的压力很大。

董明珠有些激动地说道：降价肯定是不行的，这是治标不治本的，难道今年天气都不会热起来吗？所以，我们应该坚持自己的做法，尽量做好自己的产品。然后，也可以发动人脉关系，让那些关系好的老客户分担一部分产品，帮助我们度过这段难挨的时期。

董明珠最后提出的办法实质上也有赌一把的心思在里面，凭着理性思考，她觉得天气尽管会出现一时的反常，但是全球气候的整体趋势应该还是持续变暖的，在她刚入行之时，还有一个说法，就是30摄氏度的温度每持续1天，空调就会多卖1万台出去。

而且，从以往年份的情况来看，南京这里真正大热是在7月下旬大暑前后，相信到时候气温一定会升上来的。

朱江洪被说得十分心动，随后问了最后一个具体的问题：厂里堆得到处都是的货物怎么办？

董明珠不假思索地回答：把我们的客户列出来，从中挑选值得信赖的一部分，让他们帮忙分流一些货物。

朱江洪想了想，点头同意了这个方案。

之后，朱江洪便正式在全公司公布了这个决定，拒绝降价！

紧接着，格力开始迅速分散货品，找到那些合作一直不错的老客户，将产品分流到他们那里，即使暂时没有钱支付也给货。

就这样，在董明珠的建议下，格力成为了市场上特立独行的一股"逆流"。

……

战后形势

> 大战后是一片狼藉，坚持不降价的原则
>
> 换来的是格力的逆势崛起……

后来的事实证明，董明珠是对的。

6 月 21 日，太阳刚从地平线上升起，就给南京带来了不一样的温度，天气突然就热了起来，而且是十分强烈的暴热。

凉夏真的没有持续太久，该来的终究还是来了。

躺在病床上，董明珠从未感到阳光是那么明媚，带着好心情，她急忙办了出院手续，天气转热之后，必然会涌现出很多事情等待她处理。

7 月的阳光无论如何都与舒服搭不上边儿，从过往来看，只要在这样的天气下待一会儿，就会十分难受，然而，董明珠感到的却是无比舒服，仿佛此前的阴霾都被阳光一扫而空，或许也应了那么一句话：人逢喜事精神爽！

回到南京办事处，董明珠第一时间给朱江洪打了电话报信：南京这里的天气终于变热，我们的坚持是对的，接下来，长江一线肯定也会热起来，我们得做好给武汉、重庆发货的准备。

朱江洪很无奈地说：和武汉那边说过了，但是那边的业务员一听到要给他们发货，一口就拒绝了，还诉苦说存货都堆满了过道，卖不完。

董明珠撇撇嘴道：这天气一热起来，有他后悔的，看现在这个样子，武汉、重庆肯定会跟着转热，我倒希望给南京这边发多些货，大不了卖不完再拉回公司。

老实说，董明珠作为江苏一地的业务负责人，只要管好自己的一亩三分地就万事大吉了，但强烈的责任感让她总是会从公司整体的利益上进行考虑，有句话叫看得有多远、将来站得就有多高，这一点或许也是将来董明珠接掌格力的始因。

在董明珠的一番催促之下，朱江洪还是选择继续往武汉发货，完全不理那里的业务员的反应。

没几天后，武汉果然开始迅速升温，接着就是重庆，仿佛突然降了一个火炉到城市中间，从微凉一下子就跳到了极热。武汉的业务员一下子就慌了神，电话不停地往总部打，要求赶紧发货，态度和之前来了个 180 度大转弯。

南京这边，温度则是继续稳步提升着，以往是 7 月下旬步入火热的夏天，这次却是从 7 月初就开始骄阳似火，从 38 度到 39 度……

当月，南京的最低气温也在 30 度左右。

有时候，就连晚上也透着一股热意，伸手去摸木制桌椅，都是热的。往水泥地倒一桶水下去，一会儿就蒸干了。

天一黑，南京的市民就从家中出来，将凉席铺在广场上过夜。

南京市有很多大学正逢大考，宿舍里闷热闷热的，7 人挤在一起根本没法睡觉，只好跑到草坪、楼道中休息，甚至有人爬上楼顶纳凉。

因为担心学生中暑，连正在进行的大学生期末考试也给停止了。

机关、企事业单位也纷纷修改作息时间，以减轻工作负担。有关部门还发出通知，要求所有卖防暑降温药品的商店药店，必须 24 小时全天供货，各大公园也延时开放到晚上 10 点。

酷暑天气的到来，对所有经销空调的厂商不啻于重大利好消息。仅仅一周时间，南京市场上绝大多数的窗机就被抢购一空，中、低档分体式空调也所剩无几，一些小店积压了几年的存货也被狂热的消费者买走。

安装队的人员一刻都没停下来，每天都得干到深夜 12 点多，就这样档期仍旧被排得满满的。

董明珠所负责的江苏市场。

当地的经销商们一个个都跟疯了一样，拼命地给董明珠打电话，催命般地要货。每个电话都是问同样的话：货为什么还没到？啥时候能到？

董明珠带着歉意地告诉他们：现在格力正全线调配空调机，武汉那边比较紧张，所以让一部分货先发往武汉了。

有经销商听了之后，气急地喊道：你傻吗，这节骨眼儿上管其他地方？

董明珠也不愿多解释，只能连连安慰说：快啦，快啦，正在加紧运呢！

要说这场空调价格大战有没有输家？有，那些率先降价的厂商无疑是吃了大亏的。

而格力因为坚持不降价，卖价比较高，不仅自身赚得了不少利润，代理格力的经销商同样赚了不少钱。

综合看这次的降价大战，可以说教训很多。

比如，董明珠就坚定了这么一条原则：在分析市场时，一定要客观，最好不要带上个人的意见或者私心杂念，如果带着私心杂念做市场分析，势必会带上很大的个人的主观色彩，无形中就会给企业带来巨大的损失。

此次降价大战中还有一件事情值得一提，那就是进口空调并没能在大战中占到便宜。

从 1981 年起，10 年中我国累计进口空调器 64.9 万台，平均每年不过 6 万多台，同期走私水货却高达 210 万台，和走私彩电、录像机"并驾齐驱"。20 世纪 90 年代初，进口空调和走私空调差不多抢占了我国沿海大、中城市约 40% 的市场，国人对洋货的迷信和国产货本身的缺陷，都让人痛心不已。

回首这些，这次大战后的结局可说是狠狠为国货出了一口气。

之所以会出现这样跌破人眼镜的事情发生，自然是有着各种因素的影响的。

首先，那些打着进口原装空调旗号的产品并不都是货真价实的。比如日本空调，由于经济的低迷，相当多的日本空调厂家在东南亚国家及其他发展中地区建立合资企业，在当地建设生产工厂，所以一些所谓的"进口原装空调"实际上是由东南亚国家生产的。而且由于管理水平和员工素质等因素，这些挂着日本商标的贴牌货质量参差不齐，有些甚至比国产的空调还差。

1993年的时候，国家检测部门抽查了16种进口空调，发现竟有8种制冷量不合格。

某厂曾花了3万多元买了一台日本名牌立柜空调，仅仅用了2个夏季，前后竟大修了4次，到最后干脆又花了5000多元换了核心部件压缩机。

进口空调尚且如此，走私的水货就更加不敢恭维了。

有些走私来的所谓空调，其实根本就是假冒产品，不过是国内一些无实力、无技术、无标准的"三无"小厂仓促上马炮制出来的。由于国家在压缩机的制造技术上有些薄弱，国产压缩机产量一直比较低，根本不能满足空调器组装的需求，所以有半数以上要靠进口压缩机来填补。而正常渠道进口压缩机是需要办许可证的，限制较多。为了强行吃到空调市场这块蛋糕，那些没有许可证的小厂就发挥各自的神通，到处采购部件，也不问来源，拿来就上，如此行径之下，质量自然没有保障。

另一个进口空调拼不过国产空调的原因则是售后服务的因素了。不管进口空调的质量有多好、技术有多高，其售后服务总归是难以和占了地利的国产空调"地头蛇"们相抗衡。由此导致的结果就是这些世界知名厂家在中国的专业维修点十分稀少，一旦出了故障，就会出现机器无处修、配件无处买的糟糕情况。相比之下，国产空调在安装、调试维修、保养等方面提供了全方位的优质服务，实行"三包"，自是不可同日而语。

用户花一大笔钱，当然想买省心的空调。从南京市场上的情况来看，三菱、松下、东芝、日立的销量，就比不过华宝、格力、科龙，更不能和春兰相比了。

总之，一场"空调大战"，让国货狠狠地挺起了胸膛。

而抓住时机实现了快速增长的国产空调厂家则非格力莫属了。以南京为中心点，格力在江苏的销售实现了全面开花，销售额达到了 1.6 亿元，名声开始在周边地区迅速传播开来，尽管和春兰还有些差距，但也勉强能和华宝并列，某种程度算是三足鼎立了。

格力在江苏市场中的辉煌，董明珠自然功不可没，其业绩就不说了，她每接手一个省份，都能迅速地打开市场，由此，很多人开始对董明珠产生敬佩之情，有人甚至称其为女强人。

其实董明珠自身并不喜欢女强人这个称呼，她觉得这三个字冷冰冰的，没有多少感情色彩。如果可以的话，她更想做一个普普通通的人。

回首董明珠的销售之路，其业绩可以说是呈几何级数增长，1991 年，董明珠跟着"师傅"学艺，两人跑了 300 万元的业绩，占当时公司年销售总额的 1/8；1992 年，董明珠独自跑了 800 万元的业绩，仍占公司年销售总额的 1/8；1993 年格力产量翻两番，销售额达 3 亿元，董明珠做了近 5000 万元，占 1/6……

纵观这些成绩，的确如同她自己最开始感觉到的一样，她天生就是干销售的料。

而格力公司也随着董明珠的成长而慢慢地强势崛起，1994 年一年间，其销售总额就达到了 8 亿元，在品牌评比中也屡有斩获，进入了中国首届国产名牌空调综合实力 20 强，名列中国首届十大国产名牌当中。

第六章　内部危机

攘外必先安内，这句带着讽刺的话放在崛起中的格力身上，却显得无比的合适，有一个很有意思的说法是，世界上伟大的企业，往往都是内部管理高效、内耗较小的。危机在此时爆发，正好可以进行一番梳理，然后再以一种全新的姿态上路……

突然的跳槽事件

> 危机来源于内部人员的自我膨胀，由此可见，正确认识自己是一件多么重要的事情……

在 1994 年的空调大战中，格力抓住时机迅速崛起，成为了知名品牌。

正当董明珠计划扩大战果的时候，一件来自于格力内部的突发事件扰乱了一切：秋冬之际，主管销售的副总和营销人员集体跳槽到竞争对手那里，使得格力的销售系统几乎完全瘫痪。

当时正是 11 月，格力空调 1995 年度订货会在珠海宾馆召开，来自全国的数百名经销商会集一处热闹非凡，看起来一派欣欣向荣的景象。

然而第二天，在广东中山市的一家私营空调厂订货会上，以格力电器原负责分管销售的副总经理为首，包括 8 名业务员、2 名财会人员在内的 11 名人员忽然集体亮相，并将前天参加格力电器订货会的 340 名经销商中的 300 名带到了竞争对手那里。

事件一出便引发了轩然大波，影响十分恶劣。一时间，格力电器内部人心惶惶，严重影响了企业的运作。

任何事情的发生都有其原因，本次事件也非无端无由，其发生还得从朱江洪的一个决定说起。

那是在激烈的空调大战后，一切都走上了正轨，在此情况下，为了公司长远的发展，朱江洪做出了一个比较重大的决定，即将销售人员的提成比率由原来的 1% 下降到 0.28%～0.38%。

这一决定一经提出，便立刻引起销售人员的极度不满。

销售人员们认为，1994 年格力打了一个漂亮仗，形势可谓一片大好，连仓库的存货都一销而空，销售人员的功劳自然应该是主要的，在企业利润不断提高的情况下，居然大幅度地降低销售人员的待遇，这无论如何都令人难以接受。

简单来说，就是实际情况和自身期望之间出现了偏差，从而引发了矛盾。

趁着格力内部出现不稳之时，中山的一家企业抛出了橄榄枝，向格力的那位副总承诺：只要销售额超过 3 亿元，企业最多可以给业务员 3% 的业务费，外加 2% 的广告费，一共比格力电器的提成高出 10 倍左右。

这一诱人的开价成为最终的诱因，格力电器经营部的人员于是集体跳槽出走。

其实从中立的角度讲，朱江洪是一个比较宽容厚道的人。格力开始创业的时候，一个销售人员的工资待遇是老总的 20 倍甚至 30 倍，全单位买了一部砖头一样的手机，也直接配给了采购部。若是别的领导绝对不会这么大方，但是朱江洪就能做到把手机和车都让给采购和销售部门，自己走路上下班。

正是这种对下面一视同仁的态度，使得朱江洪能够做到不偏不倚。在他看来，企业能够取得现有的成绩，是各部门密切配合、整体努力的结果，包括为开发新产品而废寝忘食的科技人员。一个质量低下的产品，就算销售人员使尽浑身解数吹上天去，也永远不会有市场。而若是质量优异，走到哪里都不愁没有人要，也不用请吃请喝到处推销。所以，销售策略很重要，但产品质量、款式、技术更加重要，若没有这些硬件，要取得销售成功是绝对不可能的。

格力的销售人员在提成制的激励下将产品打入市场，他们自己固然付出了很多，但也形成了一种误解：产品卖得好，不是因为产品好，而完全是销售人员的功劳。

客观来讲，1994 年是天气、环境造就了空调市场的一片繁荣，但格力的一些销售人员并没有考虑这些，反而认为是他们个人的能力左右了企业的发展。

负责销售的格力副总认为，产品质量好是打开市场的必要条件，而不是充分条件。质量好的产品并不一定畅销，而营销的作用就在于将好产品推向市场，让消费者接受。营销人员担负着企业的命运，营销人员在企业中的身价也在企业之间的相互挖掘中不断提高。

显然，这是关于现代企业的两种发展思路。道不同不相为谋，分道扬镳也在情理之中。

空调市场当时是卖方市场，到了旺季产品就供不应求，在这种环境下空调企业主要通过推销人员的个人能力打拼天下，因此，要运用销售提成的方式刺激销售人员的积极性。这往往使有的企业意识完全陷入了一种误区，过高估计了营销队伍的能力，认为企业的兴衰完全靠销售人员，把他们的身价抬得太高。

受这种情况误导，有的销售人员养尊处优甚至唯利是图、自我膨胀，以为他们只要到哪个企业去，哪个企业的品牌就一定能够打响。

至于是不是要和企业共同发展，是不是因为在企业各部门的通力协作下才使得自己能够登上市场表演的舞台，缺了这个舞台自己将一事无成，这样的思考从来不会出现在他们的脑海中。

如此一来，营销队伍自然会随时跟企业叫板，随时处于潜在跳槽状态，并将企业置于尴尬境地。

在这次集体跳槽事件中，董明珠作为格力数一数二的"金牌业务员"自然也在别人的挖掘之列，而且对方开出的价码是年薪 200 万元，价格不可谓不高。但是与那些辞职的业务员形成鲜明对比的是,董明珠坚定地拒绝了这个"邀请",义无反顾地站在了格力和朱江洪的一边,并竭力劝说准备跳槽的业务员重新考虑。

很显然,董明珠有着自己的原则,归结起来有三点:一是企业没有对不起大家的地方;二来朱江洪是个好老板;三是大家长期在一个公司,已经有了感情。

三个理由,显示了董明珠自身的价值观:比起利润,她更看重发展潜力;比起待遇,她更在意企业领导的好坏。

尽管董明珠做了相当的努力,经营部仍然还是有很多人跟着那位副总出走了。这次事件的发生,在业内产生了很大震荡,也对格力的正常运营形成了冲击。

公司的高层领导尤其是朱江洪,终究为以前忽略经营部付出了高昂的代价。

朱江洪为人宽厚仁慈,是出了名的好心肠,他不搞什么平衡权术,一心只把精力放在产品质量和新产品技术开发上,市场开发统统交给副总负责。

此事之后,朱江洪认识到企业中层干部队伍的建立和稳定的重要性。

既然问题首先出在主管营销工作的经营部,那么干部队伍的重建也就首先从经营部开始。

负责经营部重建的人选,朱江洪第一个想到的就是董明珠。董前几次的表现让朱江洪对其十分信任,认为其强势的风格正合适收拾如此艰难的局面。

于是,朱江洪第一时间就给董明珠打了电话,让她回总部接手混乱中的经营部。

从董明珠自身的利益来看,回总部接手烂摊子并不是一个好的选择。毕竟安徽和江苏两省都已经打开了局面,作为业务员,如果能够继续留在江苏和安徽市场发展,肯定能得到更多的利益。

但这时企业内部管理已经出现了危机，销售管理混乱，如果从企业长期发展的角度去考虑，显然是走到经营部长这个岗位上更能发挥作用，公司同样需要董明珠更大的付出。

在责任与梦想的驱动下，董明珠打算回去试一试。

……

临危受命

在危难时刻接过担子，无关权力，只因责任……

朱江洪决定用民主选举的方式在企业内部选拔经营部部长。

民意测验的内容定得很细，包括团结能力、工作能力、组织能力、管理能力、综合能力，等等。结果出来后，董明珠的得票数最多，另外，公司这几年对工作的各项考评中，她的得分也最高。

这样的结果其实也在意料之中：一是其业绩突出，年年都是销售状元；二是其对事业极端忠诚，在集体辞职事件中，仍坚定地站在格力电器这边；三是其具备驾驭事务的才能，在淮地、南京、江苏虽遭受各种艰难险阻，却都能够取胜。

作为一个年过 30 的女性，董明珠认真的工作精神是很多男人都无法企及的，董明珠并没有想过做格力的领导，她的想法很单纯，就是无论在哪里做事都要把它做好，没想太多的未来。也是因为这一点，董明珠才被公司领导所认可。

早在 1992 年的时候，朱江洪就有意提拔董明珠到珠海总部来当部长。当时董明珠略有动心，因为做业务员没有房子分，当了部长就可以分房了。不过因为安徽市场开拓正紧，她最后并没有接受这一要求。

时过境迁，很多事情都发生了变化，1994年，董明珠回来当部长有了更大的推动条件。因为格力的业务员集体跳槽，需要人去"救火"，再加上被人诟病的国有企业的旧体制，董明珠那迎难而上的心思也动了。她想到的不是简单逃避，而是留下来重建。

如果纯粹计算财富的话，董明珠现在每年销售提成高达几百万元，当部长每年却只能挣几万元，还得罪人，二者舒适程度不可同日而语。

但从另一个角度来说，值此最有挑战性的时候回来当部长，一是可以为企业创造品牌，带领队伍；二则是能够给予自己更大的舞台，在梦想的道路上更进一步。孰优孰劣，聪明之人自有见解。

随后，在朱江洪发动的内部民主选举中，董明珠高票通过，开始带领遭受劫难的企业绝处逢生。为了协调高层领导里的不同声音，她还特地在副部长的位子上待了几个月，做出些成绩后才转正。

集体离职事件的确使格力受到了不小的打击，但是事物都是分两面的，从另一方面来看也不无其积极作用。

比如，众多业务员的突然离职使格力比别的企业更早、更深切、更清晰地体会和认识到了业务人员在企业发展过程中所起的作用与可能导致的风险，因此，在此后的事业发展中，格力不再过分依赖业务人员的个人英雄主义做市场，而是侧重依靠产品的价值、集体的力量、组织的作用、品牌的威力来求发展。

第二个也是更重要的积极作用，就是把才智过人的董明珠推上了格力营销的领导岗位，与朱江洪组成了黄金搭档。这次事件后，格力便进入一个崭新的时代：朱江洪、董明珠开始按他们对现代营销的理解以及他们的方法和策略来开展营销工作，使格力走上了一条有自己特色的、不断走向成熟和成功的营销之路。

就这样，1994年10月，董明珠结束了3年的金牌业务员生涯，回到了珠海格力电器总部，开始了她的领导之路。

当然，和以前接过南京市场一样，董明珠提出了一个要求，她对朱江洪说：我回来当部长不是为了权力，而是为了做好一件事，只要不是为个人谋私利，希望我做的任何一个决策都能得到你的支持。

董明珠深知，收拾烂摊子需要的是强力的手腕，其间免不了得罪人，所以，来自朱江洪的绝对支持是必须要到手的。

朱江洪毫不犹豫地答应了。

从此，一个企业甚至整个行业，都将因这个决定而改变。

大刀阔斧地改革

面对烂摊子，不仅需要能力，更需要魄力……

假如有一张桌子，上面杯盘狼藉，要想短时间内让它变干净，应该怎么做？

很显然，答案是掀掉桌面，清除沉疴。

放在现实当中，此举谓之改革。

董明珠上任伊始，面临的问题便与此类似。

营销队伍的建设、体制的改革不是这位新部长一句话就能实现的，而更多的需要在制度建设、思想沟通、业务管理、渠道建设等方面付出大量心血和精力。

所谓一分耕耘一分收获，有些时候必须要全身心投入，才能改变现状。

虽然没有了高额的业务提成收入，但董明珠依然在部长的位子上干得有滋有味。

表现在外就是拼命地工作，每天只睡几个小时，有时还要通宵，中途睡一会儿醒来继续熬夜，连梦话说的也是自己的工作。

有时有了什么想法，即使是半夜，董明珠也会立刻跳起来，拿起本子记下，甚至还会给朱江洪以及其他同事打电话一起讨论，"淡季返利"等许多被广为称道的营销绝招就是这么诞生的。

格力电器是国有控股的企业，拥有所有国有企业的通病，其内部关系网和人事关系的盘根错节也如同其他国企一样复杂。

过去企业规模不大时，这些问题还不明显，然而随着格力空调知名度的不断提高和企业规模的不断扩大，内部营销和管理方面的问题便再也藏不住了，体制的弊端日渐显现，看似大好的局面随时可能丧失殆尽，恰如烈火烹油、鲜花着锦。

董明珠在做业务员时就有一种隐隐的感觉：格力的销售从头到尾都很凌乱，常常发生经销商打款过来提不到货或者货发出去找不到单的事情，这不但严重影响了公司的经济效益，也给市场造成了伤害。

比如 1994 年销售旺季，董明珠在江苏盯着市场，别的业务员却个个都在厂里盯着发货。

这是因为按流程，发不发货都取决于经营部的路子。

江苏的一家经销商汇了 1200 万元的货款到格力，却迟迟提不到货。董明珠气急之下，火速打电话上报，结果在朱江洪亲自过问后，以最快的速度往江苏紧急发货整整 30 车，这才解了燃眉之急。

上任之后，董明珠发现了更多的问题，如查账时发现账册上的应收款高达 5000 多万元，而且相当一部分如同一团乱麻，根本无法追回。

经营部的工作范围是发货并了解各区域市场情况及业务员的工作情况，这一块可以说完全没有头绪。

以前实行的赊销政策其实完全不合理，那些心术不正的销售人员正可在其中浑水摸鱼。

在这种制度下，货在销售人员的手中，主动权自然也就在他们的手里。

因为没有完善的管理制度，业务员就各显神通，利用所有能钻的空子谋取私利。

当时格力在全国各地设有很多仓库，却并没有设置专门的仓储管理员，于是进货、发货往往都是业务员个人说了算，很多时候，产品出库甚至都没有出库单，仅凭一张白条就可以拉走。

比如，有一次明明给济南一家企业发了 100 多万元的货，可格力竟然没有收到任何有效凭证，而且无法查出是谁的责任，这笔货款就这样白白流失了。

此前，由于公司过于依赖销售人员的个人能力和素质，一旦企业对销售人员的管理稍有不慎，立刻就会导致销售人员的背离。当企业的管理制度和分配政策触及了销售人员的利益时，他们就会丢下这个烂摊子一走了之。

格力集体离职事件正印证了这一点。

还有一个突出的问题就是，经营部和财务部彼此脱节。

货款总是难以及时回到公司财务部，每每都是先进了业务员私设的账户，体外循环一番后才能回到公司。

经营部也总是不清楚客户有没有打款，无法及时给客户发货。等发现了问题再找业务员时，业务员就推说自己没有拿到钱，商家却说钱已汇了。两边互相踢皮球，一阵扯皮。至于货发到哪里去了，商家付没付钱付了多少，只有业务员自己清楚。

这种情况下，无论经营部如何改革，即使坚持先付款后发货的模式，若货、款不能同步结清，效果自然也不会好到哪里去，由此对销售管理形成的压力或困难也是可想而知的。

此外，还有公司的销售费用使用不当的问题。

过去经营部曾经花了 450 万元在机场租了一个广告牌，没想到牌位却是背朝着人流方向的。钱花出去了，目的却没达到，等于是白白浪费。

以上种种问题纠缠在一起，犹如一团乱麻。

要想真正解决问题，需要的是一把锋利的快刀。

董明珠为此做好了充分的准备，要将改革进行到底。

……

关键的财务权

> 紧紧抓住关键点，以此作为牢固的基础，才能稳步推进改革……

企业有什么问题，管理者一般都了解得最清楚。

如格力电器在某些方面的问题，朱江洪就心知肚明。

然而知道归知道，他的长处是在技术方面，对于这种管理上的积弊，他却无可奈何。

于是，扭转局面的重任就落在了能干又严厉的董明珠身上。

在经营部长的位置上，董明珠开始了具有格力特色的营销体系创新，包括改革回款制度，她将自己做业务员时期探索出来的模式完全拿来，规定经销商必须先打款才能提货；并全面导入营销依靠大户的模式，彻底改变过去靠销售员包打天下的局面；还创造性地制定了"年终返利"的营销政策。

当然，一切行动的实施均离不开宽厚的总经理朱江洪的支持。

在传统国企时代，格力和其他很多企业一样，推销产品只知道运用人海战术。

大量的业务人员被派出，穿梭于厂家和商家之间，厂商关系由此变得十分复杂，而业务人员的个人素质和行为也对企业形成了一定的经营风险，从而使得销售管理的难度和成本不断增加。

有集体辞职事件的教训在前，董明珠有理由得出结论：应该限制营销业务员的权力。在她的想法中，格力空调畅销是公司全体员工的功劳，是技术人员、工人和公司领导的功劳，业务员拿过高的奖金是不合理的。

同样，业务员是企业的雇员，为企业工作拿的是工资和佣金；经销商虽然不是企业的雇员，但是以其销售额取得利润。

在这个角度来考虑，董明珠突发奇想：既然业务员和经销商在为企业服务的本质目的上并无二致，要是能采取适当的掌控策略，把经销商视为企业的延伸，那么，让经销商替代传统观念意义上的业务员并非不可能。

有了这样的认识，董明珠遂在销售队伍建设上选择了精简化原则。

所谓精简化原则，就是要靠制度来发展经销网，而不是靠一两个能干的业务员。

为此，董明珠进行了大幅的人员调动，仅保留了23名业务员，每人负责一个省，只负责协调，不负责发展经销商网络。

此举等于剥夺了过去的业务员可以用发货作为交换条件来从经销商处为自己谋利益的权力，防止出现市场失控和营销政策的不稳定性。当然，由于利益冲突，也招致了部分销售人员的抵制，在23名营销人员中被开除和主动辞职的就有10人。

尽管如此，这一制度仍被强制性地坚持了下来。

到2001年，格力的业务员进一步下降至15名，省下来的业务人员费用全部拿来贴补经销商。对业务员考核不再以销售额衡量，而是看与经销商沟通的工作量，以及市场调研、价格监督的工作量如何。

为了管理散落在各处的销售队伍，董明珠还下了死规定：凡格力的业务员不许拿回扣，就算是拿1分钱，也要立即开除。

为将此规定贯彻下去，她还专门设计了调查表，要求业务员认真填写什么时间、到了什么地方、见了什么人、做了什么事情、谁能证明，事后随机随时抽查。

而为了杜绝损公肥私的行为,加速完善销售管理体制,防止企业财务出现漏洞,董明珠找到朱江洪,要求把公司全部的对外财务权都收归到她手中。

下级向上级伸手要权向来是大忌,但朱江洪并没有因此生气,在听完董明珠的理由后,反而当场表示了同意。

得知此事后,财务负责人表示十分不满,对朱江洪说:那她不就没人控制了吗?

朱江洪想想觉得也有道理,转而问董明珠:你把财权拿走了,那谁来监督你?

董明珠则信心满满地回答:谁都可以监督,随时来查账都可以。

值得说明的是,董明珠所要的财权并不是财产的使用权,只是知情权和过程控制权,具体地说就是了解企业的到款状况,由她来控制这个过程,目的是进一步加快经营部的反应速度。

为此她还提出:财务也可以不归自己管,但每日经销商进出款必须要让财务部门随时告知经营部。

在和朱江洪当面探讨时,董明珠可谓直言直语:我要这个权力绝不是为了自己的权力最大化,只是为了能够做好一件事。如果你不支持,那我就没信心在格力做了。

话说到这个份儿上,朱江洪不支持也得支持了!

经过一番考虑,尽管内心已经相信了董明珠,但为了平衡别人的情绪,朱江洪还是采取了一个折中的方案,那就是划出财务部的一部分归她管,董明珠可以得到人员、职能和收款这部分的权力。

从董明珠几次向上提要求和要权的经历来看,在职场工作,需要勇于向上级提出要求。

很少有哪个上级会主动关注下面的具体需求,更不会主动铺好升迁之路等着谁。如果有很强的升迁愿望,最好主动让他们知道。

在这一方面,女性比起男性往往有着明显的劣势,她们大多天生较为被动和谦逊，比更容易错失该有的位置，因为害怕竞争而失去发展机会，甚至受到不应有的打压。

职场即战场，竞争和提要求是不可避免的，能倚靠的只有自己的坚强意志。没有信心和勇气的人注定和晋升与权力无缘。

董明珠执掌经营部一年，格力销售额达到 28 亿元，从业内第八位跃升到第二位，在她的带领下，经营部彻底地改变了过去的工作作风，推出的"淡季返利""年终返利""模糊返利"等组合营销策略成绩斐然。

1996 年，董明珠又被提升为销售公司总经理，接管公司整体的售后和广告业务。

......

整风与自我净化

> 只要将规则厘清并定好，然后强力推行，团队总会走上自我净化的道路……

董明珠性子一直很随和，这在她当业务员的时候就有所体现。

由于和大多数人都能相处得很好，因此，几乎所有人都说董姐最好说话。如此一来，经营部的人自是认为她回来当部长对大家都会好。

有的业务员甚至私下对董明珠表态：你要是当了部长给我们照顾点儿，我们年底的时候一定会对你有所表示。

这些人自信满满地以为，董明珠当了领导之后自己就可以得到更多的倾斜，然而事与愿违，他们等到的反而是更加严格的管理，也可以称为董明珠上任的"三把火"。

公司的一些人把这"三把火"称为抓内勤、查账、整人。

董明珠不怕得罪人，因为权力越大，责任也就越大，可能骂你的人也就越多。当你得罪了某些既得利益者、维护了大多数人的利益时，就肯定有人要骂你。所以权力大的时候，敢不敢于面对自己、挑战自己很重要。

木秀于林，风必摧之。董明珠自此落得个"霸道""凶蛮""不念旧情"的坏名声。

有人觉得董明珠太碍事，打算联合起来轰她下台。

遇到这种时候,董明珠前期提的要求开始发挥作用,格力总经理朱江洪总会站出来给予其最坚定的支持,甚至还亲自出马做她的平级或上级的工作。

随着时间的推移,"整风运动"得到了绝大多数员工的认可,格力员工对她的反感觉也变成了敬畏。

董明珠做事雷厉风行,工作上严格要求,不讲情面,谁做错了一定会指出来;凡是考核不合格的部门负责人,就地免职。

董明珠一直强调,诚实十分重要,要求员工哪怕错了也要讲真话。她对说假话的行为更是深恶痛绝,尤其是工作中由于说假话而导致的错误决策,最不可饶恕。

有的业务人员赚了几百万以后觉得自己是富翁了,飘飘然之余便不把工作放在心上,觉得完成不完成目标无所谓,只要自己赚钱就可以了。董明珠对这种人的态度是一定要清理出队伍,理由是:"你不想再发财了,就让别人来发财。"

她的严格要求完全一视同仁。

比如,在经营部里,迟到、早退、喝茶、看报、吃零食、聊天等现象一概被禁止,甚至规定女员工最好都剪短发,留长发的则要盘起来,不许戴首饰。

有人说这管得太宽了,还说董明珠将自己的审美观强加给人。

但董明珠并不理会别人的议论,依旧我行我素,甚至经常把人训得直掉眼泪。

靠着坚定的执行力,最后终于达到了令行禁止的目的。

上任伊始,董明珠曾下发规定:"上班时间不许吃东西,一经发现,第一次罚 50,第二次罚 100,第三次走人。"

开始,人们以为只是说说而已,但很显然,董明珠是动了真格儿的。

有一次,一位员工从家里带来了很多零食,看下班时间差不多到了,就拿出来给大家吃。

恰好董明珠从旁经过，发现了这一情况。对此她感到十分生气，刚颁布的规定就有人不当回事，即使当时只差几秒钟就响起了下班铃声，董明珠仍然宣布每人罚款 50 元，带零食的人罚 100 元。

在场的人全都目瞪口呆，没想到新的规定竟然会严格到这种程度。她们感觉有些受不了，纷纷提出建议，说都是多年同事了，还是算了吧，以后会注意的。

董明珠没有退让，连说不行，表示只要违反原则，再小的事都是大事，都要管到底。

众人无奈之余，心中默默给董明珠打上了不近人情的标签。

罚完之后，董明珠并没有就这么算了。因为那个带零食被罚 100 块的人一个月才挣 800 元钱，家里也非常困难，一下子扣掉 100 元，会给其生活带来很大麻烦。

规则需要遵守，但人情也不能不讲。

晚上董明珠找到那个员工，从自己腰包里掏了 100 元给她，对她说：这是我个人给你的，和罚款不是一回事，你的罚款已经上交了，规定不能废。

那名员工听后，触动很大，连连表示以后不会再犯同样的错误。

坚守了原则，又兼顾了人情，董明珠用实际行动赢来了他人的认同。

从此以后，经营部的人开始严格遵守定下来的规范。

在企业管理上有一种观点，即大罪可恕、小罪难逃。很多时候，企业员工犯了大的过失反而可以得到宽恕，因为没有人会诚心去犯那么大的错误，往往是客观因素所导致的。但是像上班天天迟到之类的小过失并不能原谅，因为这是在挑战管理，日积月累会动摇整个企业的根本，所以大罪可恕、小罪难逃。

1994 年年底，董明珠因摔断肋骨住进了医院，同事们一起去医院看她，董明珠很感动。可出院的第一天，她依然不讲情面地对违反纪律者进行了批评和罚款。

公是公，私是私，董明珠将两者区分得很清楚。

董明珠觉得在工作中一定要得罪人，才能有成效。如果不得罪人，根本不见成效。有些人犯错很多是因为不知道自己错在哪里，要让他知道自己做错了，就不会再犯错了。很多人在争权夺利的时候首先从个人利益得失的角度出发，害怕因伤害到别人的利益而给自己造成麻烦。而董明珠做决定的时候，永远都是从企业的利益出发，只要是有利于企业运作的，就去争取。

董明珠面对的人事纠葛非同寻常，她不断和别人进行着斗争：和不诚信的经销商斗，和公司里有来头的"皇亲国戚"斗，和公司高层领导斗，和已有的陈规陋习斗。

严厉处罚下级或平级不算什么，敢跟上级较量却是特别需要勇气的。董明珠不是专捏软柿子，必要的时候也一样敢于碰硬。她不仅和其他部门如生产部门、运输部门发生摩擦，甚至还会顶撞自己的上司。她批评起部下毫不留情，与领导争执起来更是言辞激烈。不过好在她不是在私营老板那儿打工，格力是国有企业，否则的话她早就被开除了。

她的"斗争哲学"是：在斗争中成长，在斗争中壮大。

1995 年年初，董明珠遇上了一个棘手的问题：关系户的处理。

经营部里有相当一部分人是靠着关系进来的，这些人管理起来相当困难，有时连分管的领导拿他们也没有办法，因为得看上级领导的脸色办事。

董明珠的前任是个做事十分圆滑、八面玲珑的人，总是盘算着不得罪人，然而总是事与愿违，管理不好。

所以说，要整顿这个部门必须要找到一个突破口，必须得专门找钉子碰，即找个有关系的人开刀立威。

之后恰好有一个人跳了出来，正撞在了枪口上：此人的工作中出现了多达 500 万元的货账不符。

董明珠明知他和总经理朱江洪关系密切，但依然决定对他罚款并扣一级工资，而且要在全公司通报。在她看来，这是一个机会，有这么一个现成的出头鸟，还是关系很"硬"的关系户，如果能够处理掉他，对其他人将会起到非常好的警示作用，然后所有的人都会知道纪律执行的严格与一视同仁。

决定做出后，便迅速引发了反弹。

第二天，朱江洪把董明珠叫过去，问她：这几天闹的处罚的事是怎么回事？

董明珠没有隐瞒，将情况进行说明之后，十分强硬地说：这样的行为，扣一级工资100块钱还少了，如果我有权决定的话，就把他开除了！

为人宽厚的朱江洪感觉这样处理太严厉了，建议说：顶多罚款加警告就行了，没必要做到降级通报的地步吧！

董明珠毫不退让，反驳说：这不是个人感情的问题，站在个人的角度我完全可以做好人放过他，但是从企业的角度必须处理！要知道，经营部已经有了要送礼才能拿到货的风气，这样下去只会对公司贻害无穷！

朱江洪听了这话，沉默了，事情暂时就算过去了。

事后，格力分管人事的领导出面劝告董明珠：人事工作要慢慢来，不能急，急就要出问题；别人都对你有意见，要与人搞好关系，弄不好你这个部长会当不下去。

董明珠则执拗地表示：如果为了搞好人际关系放弃原则，弄得公司不能发展，难道就是好事？我从上班第一天起就准备好了明天下岗，既然不是为了钱回来而是要做事业，那就要坚决履行自己的职责。

话不投机，自然也就没了下文。

小小的处罚事件，背后却是暗流涌动。

经营部上下对于董明珠都有意见，但是效果十分明显，大家知道了董明珠"铁面无私、六亲不认"，曾经的陋习很快便消失殆尽，部门也在较短的时间内整肃一清。

……

不向潜规则妥协

改革必然会遇到阻力，对此，不妥协便
是最好的回应……

内部理顺之后，董明珠终于可以放心大胆地开始改革了。

首先，是制定了三大原则：一是先付款后发货；二是格力职工，包括业务员，自己决不做空调；三是不设分公司。

其中，首要任务是清理欠账，全面推行先款后货的销售政策。

回顾当初耗时颇久的催款经历，董明珠深知其中弊端，发誓一定要打破这个营销惯例，否则就不干营销这个行当。

拖欠货款是行内普遍存在的现象，尽管是陋习，却为很多人沿用，改变起来颇为困难。为此，董明珠郑重向经销商发布宣言：凡拖欠货款的经销商一律停止发货，补足货款后先交钱再提货。

宣言一出，顿时如同捅了马蜂窝，大大小小的经销商纷纷越过董明珠，直接向格力老总朱江洪告状，怎么能这样做生意？

有一家河北的经销商欠了两百多万元的货款，仍然想继续从格力这里拿货。董明珠知道后，立刻叫停，并明确告诉对方，必须将以往的货款先付清才行。

这位经销商气不过，告到了朱江洪那里，朱江洪就劝董明珠：是不是可以补完款后，先发货再收钱？

董明珠依然不松口。

几番交锋下来，那名经销商无奈之下只能妥协说：这次先打款。然后打了100万元的货款，要求进货。

董明珠二话不说就把这100万元货款扣了下来，作为以前欠款的弥补，至于货，得等剩下的欠款补齐了再发。

经销商一看这情况，顿时怒了，找到朱江洪发了一通火。朱江洪再找到董明珠商量，最后互相退了一步，经销商再转了50万元货款。董明珠则扣了25万元，碍于朱江洪的面子勉强发了25万元的货。

后来，事情有了戏剧性的发展，这位经销商忽然事发，所有资产都被查封，合作的事情就此不了了之。而董明珠则懊悔异常，深感当初应该连那25万元的货也不该发。

对于先货后款还是先款后货，董明珠始终坚持着自己的立场，甚至强硬地对外放话：就算别人都是先货后款，我格力也偏偏不。即使100次撞墙头破血流，也要撞101次，一定要把这堵墙撞倒！

于是自1995年起，格力成了唯一打破了空调业内"先货后款"潜规则的企业。此后，格力再也没有出现过一分钱的应收款，创造了空调行业货款百分之百回笼的奇迹。

事实证明，由于格力本身的产品质量有保证、市场销售有保证，经销商对其信心强，所以愿意先预付款来提货。董明珠的"先款后货"不但没有得罪经销商，而且屡创销售奇迹。众多经销商几经挣扎，最终仍不得不妥协。

改革的第二个方面是在业务员这一块。

过去有这样一种现象，很多空调生产企业的销售人员经常会和经销商争利，甚至销售人员自己另开公司。

在董明珠的强力推行下，格力开始发生了变化，不再单独依赖销售人员，而是完全靠经销商。

比如在重庆，格力自己的员工只有 6 个人，其中包括 1 名业务员、2 名开票员和 3 名售后服务人员。人虽少，但并不影响什么，当地年销售额甚至达到了 3 亿元。相对比之下，春兰在重庆有自己的销售公司，有 150 名营销业务员，虽然有着不少的销售额，但是每年仅费用成本就要 2000 多万元。

孰高孰低，一目了然。

除了以上两点原则性的改革外，另一项被打破的陈规是年底退货。这可以说是空调业的惯例，经销商凭着这项政策，能拿到多少货就拼命拿，多卖一台是一台，卖不掉的就年底一退了之。

这种情况下倒霉的自然是厂家，每每厂家收回的都是残次品。格力每年至少为此损失几千万元。

1994 年格力销售额达了 4 亿多元，退货却达到了 1 个多亿，等于 1/4 的工作白做了。

董明珠因此提出要废除年底退货制度。

这一制度一经提出，就有人立刻跳出表示反对，并摆出理由：经历连年的价格大战，下一年是空调市场的"生死年"，格力要做的应该是尽一切可能协助经销商，而不是对经销商施加压力、自断后路。

董明珠不为所动，在她看来，市场竞争必须公平平等，退货制度不仅对厂家极不公平，也无助于调动经销商的积极性。

1995 年年初，格力公司在董明珠的强势推动下立下规定：年底不允许退货，确实有质量问题的除外；不退货的经销商可获得占其销售额 0.2% 的奖金。

对于一个销售额 1000 万元的经销商而言，退一台空调可以不损失 5000 元，但一台不退的话就有 2 万元的奖金，这就刺激着经销商要把空调全部卖出去，并逼着经销商在售后服务中要有更强的责任感。即使用户在使用过程中确实发现问题，经销商也不再简单地以退货为由将问题推到厂家身上，而是从自身利益考虑，把服务工作做好，搞好安装和维护。

这项政策推出没多久就收到了良好的效应。

比如 1998 年，格力销售额 55 亿元，发放无退货奖金 1000 万元，是 1994 年退货额的 1/10，经销商的优质服务为格力赢得了良好的口碑，也提升了格力的品牌信誉。

第七章　哗变

随着时间的推移，企业在飞速地发展，事业也迈上了新的台阶，但是企业内部爆出了哗变，董明珠需要再次与之进行斗争。

哗变的端倪

万事皆有因，毒瘤的成长也是一步步而来的……

2001 年春天，董明珠出任珠海格力电器股份有限公司总经理一职。此时的格力经过多年发展，已经是珠海经济特区第一大企业，拥有 6000 名职工，是不折不扣的大企业。

身居高位、引领方向、任重道远，就在董明珠打算全身心投入市场、带领企业更上一个台阶的时候，一场内部"哗变"事件意外爆发。

此次事件简单来说就是，淮地格力电器销售公司高管梁君在经营过程中出现了损害格力在淮地市场发展的行为。

为了公司的总体利益，董明珠宣布将其免职，并对淮地格力具体事务进行一系列处理。

说到事情的始末，不得不先说说淮地格力销售公司高管梁君这个人。

淮地格力销售公司成立于 1999 年秋天，是格力较早成立的销售公司之一。未成立销售公司之前，有 5 个空调销售大户共同经营格力在淮地的市场。

由于经销商太多，当时"窜货"很严重，淮南的空调可以窜到淮北，淮北的也可以窜到淮南。所谓"窜货"，指的是在利益的驱动下，经销网络中的各级代理商、分公司为了完成生产企业规定的销售额以争取企业最优惠的政策,在当地市场销售的产品保持相对稳定价格的同时,低价到异地倾销。

此种做法造成异地价格混乱,从而使其他经销商对产品失去信心,使消费者对品牌失去信任。"窜货"带来的更大危害是对当地一大批格力忠诚的经销商的伤害,他们很可能会被这种恶性的"窜货"行为毁掉。

比如买同样的商品,消费者当然希望花较少的钱,如果市场上突然出现特别便宜的格力空调,并且是消费者很喜欢的优质产品,人们就会立即停止购买"高价格力",即使"便宜格力"长期缺货,他们也会耐心等待。这样一来,以低价跨区域从外面进来低价的10万元的货,就有可能将当地1000万元的货"锁死"在库房里,最终导致当地经销商亏损,严重的甚至会因此关门倒闭。

由此,有许多知名的家电品牌,在满意地完成产品设计、大胆地投放广告从而完成市场开拓后,最终却在市场管理的一片混乱之中画上句号。对销售通路的粗放式管理,危害性最大的就是对"窜货"的忽视或放任自流,因其可导致整个营销体系的土崩瓦解。许多企业懂得创名牌容易、保名牌难的道理,但是面对疯狂"窜货"就是束手无策。这也一直是营销领域内公认的难题。对此,格力电器成立了区域性的"联合代理"销售公司,统一协调,就是用来防止同一区域大户之间、不同区域大户之间随时可能爆发的"战争"。

此前,淮地销售公司高管梁君在淮地电业公司下属某空调门市部任职。淮地电业公司是格力空调重要的经销商,后来成为淮地格力销售公司的股东。他原来是一个小经销商,没做过大品牌,出任高管主要是缘于电业公司的极力推荐。

经过与梁君的短暂接触,董明珠认为这个人还是可以信任的,就放手让他经营格力在淮地的市场。

然而梁君上任后不久,就有几个股东提出要罢免他,理由是他将市场搞得很乱。

董明珠便打电话过去询问：你那里是怎么回事？

梁君回道：股东罢免我，是因为有的股东提出赊货，要求提货政策优于一般经销商，我没同意。

董明珠知道，坚持原则容易得罪人。在没有核实他所说内容是否真实前，董明珠不能完全相信他的话，但她又想，他们之间的矛盾有可能是利益冲突，也可能是方法的问题，关键是原则上不能犯错误，那就是要保护广大经销商的利益，在保证原则的前提下，人总难免犯错误，何况他以前又没有端过这么大的盘子。一个小零售商，对如何做渠道，以及通盘管理好全省大大小小两三百家经销商，是需要一个适应、熟悉的过程。不管怎么样，既然选择了他，总要给他一个机会。

2000年春天，梁君来珠海开会，董明珠主动找他谈话，提醒他注意自己行为，不能胡来、乱承诺，要为广大经销商做好服务工作，对待股东和经销商要一视同仁，把市场规范好。当时她还指出了一些他存在的很具体的问题。

梁君态度诚恳地保证，要回去反思一下，调整一下：董姐，您要相信我。我回去一定做好工作，淮地那边一定不再让您操心。

他走后，董明珠仍然放心不下，又不断打电话询问情况。为了加强对淮地格力公司的监督，董明珠打电话让财务部长张力来珠海谈话。没想到，梁君竟然随张力一起来了。

董明珠一见他就问：你不去跑市场，到珠海来干什么？我要财务人员来，他自己不能来吗？

随后董明珠与张力进行了单独谈话，要求他回去后加强内部管理，健全财物制度，要对经销商负责。

张力回去后，按董明珠的指示对梁君的一些违规做法进行了抵制。例如，他以格力销售公司的名义给某股东提供担保，这违反了公司管理规定，但他不通过张力就为那个股东办理了担保手续，张力当即限制了其提货额度；当股东欠钱提货，犯了格力经销大忌的时候，张力及时把情况反馈给了董明珠；对梁君其他违反财务制度的行为，张力都进行了有力的抵制。

由于坚持原则，张力成了"绊脚石"，因此，梁君时时找机会要"解决"张力，后来，终于演变成了公开抢夺财务章的恶性事件。

梁君平时很少主动找董明珠汇报工作，几乎都是董明珠打电话询问当地情况，而他对销售公司工作人员强调他每天都和董明珠通电话，他的行为都向她作过汇报，也就是他的做法是总部认可的，使得整个公司的员工都信以为真，导致对他的行为敢怒而不敢言。因此，董明珠对淮地的真实经营情况了解得也比较模糊。

2000年夏天，格力召开销售会议，各地经销公司负责人到珠海汇报情况。轮到梁君时，就见他满面春风谈起淮地市场做得如何如何好，并说道：作为淮地格力销售公司，要想把销售市场真正做好，必须读三本书：第一，读毛主席著作；第二，读《孙子兵法》；第三，读董总写的书！

话音刚落，下面响起了一阵掌声。不过，梁君的话却丝毫没有打动董明珠。

在茫茫商海打拼这么多年，经历这么多事，什么样的人没见过？董明珠认同的风格是踏踏实实把工作做好，对于哗众取宠的漂亮话并不以为然。

也是在这次会议上，梁君首次谈到了某某空调，他是这么说的：某某用卑鄙的手段跟我们竞争。既然如此，我们就要以其人之道还治其人之身——我们要做披着羊皮的狼！

话的后半部分说得杀气腾腾，董明珠觉得特别刺耳。那一刻，董明珠心里有了警觉。

不久，董明珠又发现了更加严重的问题：2000年度淮地格力销售公司的报表上，不仅没有利润，反而出现了亏损。

而且，梁君还私下拉拢股东，擅自向股东承诺"分红"，根本没有召开过董事会。他错误地认为，只要有几个股东在场就是董事会。

紧接着，情况发生了急剧变化。

2001年3月初，空调销售旺季即将到来，董明珠接到了一些淮地经销商和淮地格力公司股东对梁君的举报，真凭实据，反映了很多具体问题：比如淮地格力公司向内部员工和二、三级经销商集资，私下承诺给高达40%的回报，以此违规吸纳资金；然后是公然收买股东，一些股东单位擅自将股本金抽回，在没有盈利的情况下照样分红。期间，梁君和几个股东勾结起来，利用手中的放货特权，不付钱就拉走空调；再就是滥加广告投入，梁君原本只有权使用100万元的广告费用，最后却支出了数百万元；还有低价抛售空调，损害公司和广大经销商的利益，以满足股东的利益等。

从大多数股东要求罢免梁君到大多数支持他，充分表现出他的策略转变。他以为只要有几个股东帮他说话，格力电器远在千里之外对他也就无可奈何，自己就可以为所欲为了。没有太长时间，梁君与股东由尖锐对立逐步转变为沆瀣一气。他大胆为股东担保。一名股东用房产做抵押贷了800万元，到期还不了，他就要求淮地格力销售公司财务把房产证拿回来，帮他还钱。财务部长张力没答应，便被他视为眼中钉。

此外，梁君视格力电器有关规定如废纸，不公平地对待二、三级经销商，一卡二压，区域不管理，市场不控价，不一而足。董明珠对此大为光火，在电话里对他说：你如果真的读了我的书，就绝对做不出这样的事！

鉴于事态的发展，董明珠不得不亲自赶赴淮市找梁君谈话，首先解决非法集资一事。当时，董明珠对淮地的工作和他本人还心存侥幸，抱有一线希望，并请来了北京、河南、河北、江苏等地的老总到淮地介绍经验，帮助淮地的工作，并一再重申：各位公司老总的个人利益，一定不能高于经销商的利益；对于老总所做的贡献，珠海格力电器公司总部是会给予考虑的。

当谈到梁君的问题时，一名当初坚持要罢免梁君的股东突然来了个180度的大转弯，半真半假地说：董姐，不好意思啊，我就讲一句话：谁要免掉他的职位,我第一个不答应!

此前,在和经销商谈话过程中,董明珠明显感到了他们对淮地销售公司一些做法的不满,以及对梁君个人有看法。董明珠立刻意识到,问题不像预想的那么简单,恐怕梁君已与个别股东勾结在了一起!

此行没有获得想要的结果。

4月14日,董明珠再次赶到淮地,形势变得更加严峻。

走进淮地格力销售公司,只见所有房间都挂满了董明珠的大头像,到处摆满了她的书。看到这一幕,董明珠的第一个念头是:这是要干什么?

开了一个短暂的会议之后,董明珠又和部分经销商进行了交谈,她的疑虑也越来越重,考虑到空调销售旺季马上就要到来,淮地问题处理不好会给企业带来重大损失。董明珠更为担心的是,格力电器的中小经销商将成为最大的受害者。

当时的淮地销售公司格力电器还占有少量股份,各股东推选董明珠担任董事长。在第二天的董事会上,董明珠以董事长的身份果断宣布:从现在开始,梁君只负责面上工作,主要起监督作用,具体工作分工给下面做。梁君不再管业务,另派一人主管业务。

做出如此决定,是因为董明珠觉得应当再给梁君一次机会,希望他能够认识到自己的错误,转变思想,真正做到维护经销商利益,维护消费者利益。

面对变故,梁君却一点儿也不显得惊慌,他平静地说:董姐,我觉得您的决定非常及时,非常中肯。我一定按您的指示尽心尽职,监督管理好其他人的工作,决不辜负您对我的殷切期望。

接着梁君又微笑着对其他与会者说,我很累,正好休息休息,今后就辛苦诸位了,我回去一定要反省一下自己。

见梁君态度如此诚恳,董明珠还以为他却是意识到问题所在,于是在开完董事会的第二天就离开淮市匆匆赶回了珠海,毕竟总部还有许多事情等着要处理。

但紧接着出现的情况实在超出了董明珠的想象。万万没想到，就在梁君郑重做出承诺的第二天，淮市发生了抢夺财务章的严重事件！

事情的大致经过是这样的。

4月17日下午，梁君来到张力办公室，说：一个股东通过某银行帮我们贷款3000万元，你快到某行去！

张力不疑有他，收拾了一下就出门了。谁知没多久就接到会计打来的电话，会计焦急地说：你快回来，出大事了！

原来，就在张力走后，梁君就找到财务主办会计说：把财务章给我用用。

梁君是公司老总，会计不敢违拗，便把财务章拿了出来。梁君接着得寸进尺，要把财务章带走。会计知道财务章一旦被拿走的严重后果，坚决不让，梁君一看软的不行，就开始动手抢夺。

当时，另外两个股东也在场，梁君威胁会计说：股东都来了，今天你要是不交章，我们就是把你按在地下，也要把章带走！

会计没有办法，只能看着梁君拿着财务章扬长而去。抢走财务章后，梁君又到前台出纳处，以要购房为由，将银行印鉴一并拿走了。

之后，梁君和其他几名股东召开了"临时紧急董事会"，在董明珠没有任何授权和参与的情况下，免去了张力财务部长的职位。

当张力打电话向董明珠报告情况时，董明珠惊呆了，她没想到梁君竟然会如此大胆，同时也为自己的幼稚感到可笑！她也开始有点儿明白了，为什么刚到淮市时会看到整个公司挂满她的大头像、摆满她的书。

应该说，财务章被抢，珠海格力电器公司损失并不大。淮地格力是有限责任公司，即使资金被骗，官司打不到格力电器头上；但二三级经销商会有重大损失，各地商家打给淮地格力销售公司的货款多达5000万元，相当一部分尚未提货！

经销商是格力电器的合作伙伴，他们的钱大多是从银行贷来的。此事处理稍有失当，不知会有多少可怜人血本无归，甚至家破人亡！

为了避免他们的损失，董明珠当即采取了"救火行动"。晚上 8 点，董明珠指派公司两名负责保安的人员赶往淮市，要求他们到达后在第一时间保住账目。

可是，梁君又比董明珠先行一步，夺完公章后，他命令公司所有销售人员连夜从淮县、淮阳等地打出租车返回淮市，谎称道：格力公司来人准备罢免我们，不让我们再做下去，你们这些业务员都没有工作了！

业务人员不明事实真相，纷纷回到淮市，当时局面已经非常混乱。总部保安人员索要账目时，他们态度倨傲，摆出一副打架的姿态，甚至有人打"110"报警：快来！我们这儿来了两个不明身份的人，要闹事。

事态危急，一触即发！

幸好，事前董明珠叮嘱保安人员遇事一定要沉着：我们是去解决问题的，而不是把问题越弄越复杂。由于工作人员表现得极为克制，梁君的诡计当天未能得逞。

事态正一步一步扩大。事态演变的背后，让人感到了梁君一伙人的能量，以及他们背后所做文章的复杂！

深夜，董明珠和保安人员通完话，又拨通了梁君的手机问道：那边发生了什么事？

梁君闪烁其词地回答：这里很好呀，没发生什么事啊！

董明珠接着严肃地问：公司派两个人过去是解决问题的，为什么要打架？

梁君答：没有打架呀。您放心，这里什么事也没有。

……

放下电话，董明珠再也坐不住了，深感事态严重：梁君已从一个合作者走向了对立面！

这其中到底有什么阴谋？董明珠不断思索着。

然而时间并不容董明珠细细探究，经销商 5000 多万元的货款面临着流失的危险，这件事紧紧揪住了她的心。

一分钟也不能再耽搁了！董明珠连夜找到格力电器公司朱江洪董事长，汇报了详细情况。

朱江洪拍板道：无论如何，必须保证账目的绝对安全，不能丢失。许多经销商投的是现金，一旦凭据丢失，他们将血本无归！

淮地大混乱

> 墨菲定律说:事情如果有变坏的可能,不管这种可能有多小,它总会发生,哗变的发生正是这个定律的写照……

和朱总商议后,董明珠拿起电话,一边向有关人员进一步了解情况,一边连夜订了第二天一早去南京的机票。

想着随时可能发生的意外情况,以及账目的安全问题等,董明珠不禁忧心忡忡。

深夜,在昏昏沉沉之中,梁君扭曲的面孔和经销商们惊慌的面孔交替在董明珠的脑海中出现,如同过山车一样,有时是梁君信誓旦旦对她做着保证说一切都没问题,有时是经销商们围在她的身边讨要他们的资金。

4月18日清晨,董明珠从深圳飞往南京。

一下飞机,董明珠立即跳上汽车,直奔淮地格力销售公司所在地淮市。为预防不测事件的发生,也为解决相关法律方面的问题,她还带上了律师。

下午三时,到达淮市,场面显得十分混乱。

梁君得知董明珠要来,立即便着手调动了几乎所有的销售人员回到公司,并散布流言说,董明珠要解散公司!随后,借势煽动员工向董明珠"讨说法"。

整个销售公司站满了人,其中多半是梁君秘密调集来的。当董明珠快到销售公司时，同行的一位同事突然指着前方说：快看，梁君的车！

董明珠一看，果然是梁君的车，于是马上命令司机：拦住他！

女性的直觉告诉董明珠，梁君很有可能利用这伙不明身份的人跟她纠缠，而他自己则躲在旁边，隔岸观火。

为什么会有这种感觉？董明珠联想起飞机在南京降落后，在赶往淮市的途中突然接到一个原格力商家的电话，那人问董明珠在哪里。董明珠当时脑海中闪过一道光：这人已失去联系一年多了，突然打来电话是否另有企图，是否是为梁君打探情况？随后，董明珠将计就计，谎称刚下飞机，打算给对方一个措手不及。

现在能够堵上梁君的车，说明事情果然如董明珠所料。

把梁君的车拦下来后，董明珠脸色不善地上了他的车，一字一句地说：梁君，你干得不错呀！

梁君则尴尬地笑笑：只是一场误会罢了！

没有在车上跟梁君多牵扯，董明珠吩咐司机调转车头回销售公司。

回到公司的高管办公室后，董明珠毫不客气地质问梁君，没有解决不了的问题，为什么抢财务章，是不是想造反？还有，为什么有这么多的人在这里？

梁君支吾道：他们是回来开会的。

董明珠继续追问：开的什么会？你又为什么要走？

梁君无言对答，只能沉默以对。

就在气氛陷入僵持之时，淮地销售公司的一些员工突然涌进高管办公室，语气很冲地对董明珠喊道：这是我们高管办公室，你们珠海都派人来了，我们为什么不可以进来？

远处还有人在"煽风点火"：大家快来看，珠海人欺负咱们本地人了！

面对这样不利的局面，董明珠不停地忍耐住心中的怒气：千万要冷静，只有冷静才能解决问题，任何不冷静的行为都可能被别人利用！

强行按捺住心头的火气后,董明珠又想道:财务章的问题是关键,必须首先解决!

于是,董明珠问:被抢的财务章在谁手里?

有人回答:在办公室主任手里。

董明珠走到主任跟前,勒令其交出来,他却说:我只对高管负责!

听了办公室主任的话,梁君露出一脸得意,那神情好似在说:看吧,控制大局的还是我,你董明珠有什么本事扭转局面?

董明珠面色一沉,心知不能让事态这样发展下去!遂厉声责问办公室主任:你知道高管对谁负责任吗?

办公室主任不敢答话。

董明珠气势再升:抢公章不仅违规,而且违法。你要好好反省自己的问题!

见周围的人都被镇住,董明珠知道只能到这儿了,解决问题的地点不在这里。

......

因为意识到情况可能比想象的还要严重,董明珠随后提议召开股东会议来解决财务问题和抢财务章问题。可惜,几个股东却迟迟不见人影。

下午 4 点 30 分,销售公司外的人越聚越多,到处都乱哄哄的,说什么的都有。

董明珠的心一直在半空中悬着,不知道接下来会发生什么事?没过多久,她忽然听到外面有人喊:再带十几个人过来,带家伙过来!董明珠连忙看过去,发现是一个穿黄色衬衣的陌生人。记下他的模样后,董明珠沉默着后退回去。

路过另一个房间时,董明珠不经意地朝里面看了一眼,却意外发现几个股东都躲在那儿,无名之火顿起,走过去质问道:你们躲在这里干什么,为什么不去开会?

股东们被董明珠抓了个现行，一脸尴尬地回道：我们在研究问题。

董明珠怒道：在这儿研究什么问题？到高管室去，一起解决问题。

回到高管室，董明珠质问梁君：我看到外面有个穿黄衣服的叫嚷要带十几个人过来，他是什么人？

梁君顾左右而言他地说：是一个经销商。

董明珠再问：哪儿的经销商？在淮地你别想蒙我。这里的经销商哪一个我不认识？你是不是期待打架，期待冲突？告诉你，我不是来打架的，打架解决不了问题！

梁君见糊弄不过去，连忙改口说：那人是来买空调的。

董明珠反问：今天这种场面还能买空调？他说要带十几个人过来，还要带家伙。买空调带什么家伙？

梁君只好闭嘴。

镇住梁君后，董明珠冲着门口乱哄哄的人群喊道：所有不是销售公司的员工，统统给我出去！

然而，董明珠的话已经不起作用了，门外有人冲着董明珠叫：珠海的人能在这儿开会，淮地的人为什么不能进去开会？珠海人有理由欺负淮地人吗？

董明珠皱眉，只能在危机四伏的状态下，坚持召开了股东会。

在股东会上，董明珠再次问梁君：为什么要撤掉财务部长？为什么要夺财务章？

梁君一副理所当然的样子说：我是高管，当然有任免权。

董明珠气道：那好，我董事长也有任免权，是不是可以马上把你免掉？免除一个人的职务，应该按程序走，还要拿出正当理由来！

梁君狡辩说：她不听话。

董明珠立刻反驳：不听话就可以撤职吗？财务人员是否合格以听不听话为标准，还是以能不能坚持原则，信守财务制度为标准？

梁君无言以对，另一位股东出来帮腔：撤掉财务部长，是董事会一致通过的。

不提董事会还好，一提董明珠更加生气，问道：什么时候开的董事会？我这个董事长怎么不知道，你们通知我了吗？先不说董事会合不合法，董事会什么时间开的，财务章什么时间抢的？15 号下午 6 点开董事会，财务章早在 3 点就被你们抢走了。请问，财务部长是董事会上罢免的吗？

梁君还想继续狡辩，董明珠的律师在一旁发话了：你讲话要负责。

梁君于是不再说话。

董明珠接着说：这个公司是你们几个股东的吗？要利润也该要得合理。第一年亏损 100 多万元，每家还分红几十万元。亏损的公司哪有分红的道理？公司老总抢夺财务章不是一般的错误，是经济犯罪……

此时 5 点多，天暗下来了，门外大批围观的人员丝毫没有散去的意思，而梁君没有任何解决问题的诚意，似乎是想拖延下去。

他们想干什么？难道是想趁天黑看不清闹事？等事情闹大，派出所的人一来，把事件往更加复杂化的方向演变。想到这里，董明珠说：这里太乱，怎么开会？不如这样吧，我们去国际酒店继续开，那里安静些，容易解决我们的问题。

一位股东插话道：董总，你放心吧，有我在这儿，什么事都不会发生，他们听我的。

此话一出，却更加证明了董明珠的猜测。必须当机立断，暂时离开是非之地，预防可能出现的骚乱。

于是，在董明珠的坚持下，会议转到了她住宿的国际酒店，阴谋被打乱了。

会议一直开到深夜一点多，由于对方毫无解决问题的诚意，没有取得任何实质性进展，仅仅草拟了一份残缺不全的会议决议，其内容为：梁君可继续留任，但必须全面反省并纠正其错误想法和行为，在董事会的授权范围内积极履行职责。公司中层管理人员及其他员工应做相应调整，公司定编暂为24 人，具体由总经理及"珠海格力办"负责人提名报董事会批准，董事长有权任免中层管理人员。公司财务部长应由"珠海格力办"方面委派，其他股东可各派一名出任中层管理人员。

草拟完决议，董明珠和股东约定，明天继续开会，对草拟决议进行最后讨论，地点仍在国际酒店。

第二天继续开会，可是从上午等到下午，一直不见几位露面。

董明珠拨通一位股东手机，得到回答：5 分钟就到。

然而半小时过后，还是不见人影。董明珠再次拨电话发出最后通牒：如果下午 4 点钟你还不到，我就不再等了。

那位股东连连赔礼：一会儿就到，一会儿就到。

又等了半小时，还是不见人影。董明珠耐着性子再次拨通电话，仍是"马上到"的说辞。

按说从销售公司到国际酒店也就 10 分钟路程，即使堵车，半个小时也足够了，股东们又在耍什么把戏？

4 点 50 分，董明珠接到公司一名员工的电话：这边很多员工马上要过去，您注意一点儿。

据后来了解，梁君和几个股东在销售公司开了一整天会，商量如何对付格力电器的"策略"。财务章被哄抢后，董明珠命令销售公司停止向外发货，梁君则鼓动员工到酒店来找她闹事。

不能让矛盾在员工中激化！用开股东会这种方式跟梁君斗争解决不了任何问题，他的问题已发生了质变，事实已证明淮地格力销售公司个别股东和梁君的个人之间利益已捆绑在一起，只能依靠法律途径解决。

董明珠决定撤回南京。临行前董明珠给律师开了几份委托书，请他以她的名义在淮地继续交涉，并处理相关问题。

由于淮地事件局面的复杂性，董明珠意识到要彻底解决这些问题并不是一朝一夕的事情,而当时正值空调销售的旺季,作为格力的总经理,董明珠还有更重要的事情要做。因此,董明珠决定先返回珠海。

4月17日晚上,董明珠回到南京。第二天正要赶回珠海时,又遇上了紧急情况。

梁君闹事的企图破产了,他意识到自己能耐有限,股东也仿佛看到了自己不祥的未来。他们煽动淮地格力销售公司员工,说员工工资以及梁君让大家交纳的每人3万到5万元股本金拿不到了,完全是由珠海格力电器造成的。

员工们被煽动的情绪激动,纷纷找珠海格力留守在淮地的工作人员,要求退款。

此时,梁君考虑的根本不是员工的利益,而是先把股东拉拢住,最后捞一把。他开始下手了,首先便是利用抢来的银行印鉴,要将账面上数百万元的资金分别转给三个股东和他个人的广告公司。

4月18日早上9点左右,淮市某行分理处通知说,淮地格力销售公司要求提取账面上的款项。董明珠迅速给律师打电话,要他带上委托书及时赶到银行,说明淮地格力销售公司有一些问题要处理,在此期间任何人不得以任何名义提款。

律师向银行出示了格力公司的工商执照副本、董明珠本人的身份证明及董明珠的委托书,要求冻结账上的款项。没想到,银行工作人员要求董明珠本人必须亲自到银行说明情况。

事实上,董明珠是公司法人代表,又有委托书和证明材料,银行没有理由这样做。经过一番据理力争,银行工作人员也觉得淮地格力销售公司在非常时期冻结资金是合理的,最后同意董明珠不必亲自到银行说明情况,不过银行行长又提出了两条要求:一是必须提供能证明董明珠的委托书和签字有效的公证书;二是必须出具国家金融管理局的通知,并在星期一下午四时以前送达该银行。若是文件不能按时送达,他们一样要把钱汇出去。

面对显而易见的刁难,该怎么办?

董明珠也豁出去了，立即搭乘飞机赶回珠海，接下来两天，董明珠在珠海公证处公证了签名及委托书真实有效，并于 20 日委托律师在淮市一家报纸上刊登了一则《声明》：内容主要是废除了公司的公章、财务章等一系列公司印鉴，并终止了公司对梁君的所有授权。

4 月 21 日下午，董明珠终于拿到了国家金融管理局的有关通知，随后马上派人提前 20 分钟赶到淮市某行分理处，出具了他们要的全部文件。

工作人员看到眼前的一系列证件，再没有别的话说，只能按要求冻结了资金。

至此，梁君意图通过银行把资金全部转走的阴谋被一举挫败。

在整个事件发展过程中，员工相继看清了事情的本质，认识到是梁君利用他们与珠海格力激化矛盾，以实现自己个人的利益，也纷纷离开了他。

一计不成再生一计，梁君在钱没拿到手的情况下，又打起了货物的主意。在淮地格力的仓库中还有价值 5000 多万元的空调，这些空调已收到了二、三级经销商的货款，属于卖出去的货物。

从格力电器角度讲，这些货物其实已与格力没有太大利害关系，可以听之任之，但考虑到经销商是信任格力品牌，董明珠认为自己作为格力的总经理，有义务保护他们的利益，无论如何不能给经销商带来损失！

所幸的是，当地的仓管员有良知，有责任感，虽然梁君极尽煽动之能事，阴谋最终也未能得逞。淮地格力公司仓库设在一个部队大院里，律师拿着董明珠的委托书找到有关负责人，说明原委，梁君未能提走货物。

最后，虽然梁君的阴谋一概没有得逞，但是淮地事件在经销商中造成了极坏影响。一些经销商开始担心他们在淮地格力的债权了。

为了稳定格力在淮地的忠实经销商，保护他们的合法权益不受损失，董明珠拍板做出决定：拿出价值 3500 万元的格力空调，给经销商兑现。

至此，淮地哗变事件暂时告一段落。

……

淮地事件的始末，让更多的人看清了梁君的用意以及格力电器公司的大度。事后有人问董明珠：当时你害怕吗？

董明珠回答说：我已经不知道什么叫害怕，假如用命能换来经销商的利益，就是牺牲了也是值得的！

淮地哗变平定后，梁君找到董明珠派往淮地的律师：如果珠海格力能给我 60 万元的补偿，我同意辞去公司高管的职务。

这一要求被董明珠严辞拒绝。

梁君不死心，单方面召开了"新闻发布会"，一些媒体不明真相，未采访相关人员便草率发布消息，在当时给格力电器造成了难以挽回的影响。

比如一家报纸就刊载一篇文章称：

靠渠道优势起家的格力空调这回在渠道上遇到了大麻烦！因为由于内讧的缘故，格力空调在淮地的销售工作已经处于一片混乱之中将近一个月，至今也没有恢复正常的迹象。这场内讧对格力空调在淮地和全国市场的负面影响尚未完全显露。据了解，虽然目前格力已把其在当地的空调销售临时委托给了另一家经销商，不至于完全瘫痪，但格力空调在淮地的销售工作已无法正常进行。在格力空调的发家史上，独创的经销渠道一直被认为是他们的制胜法宝之一，而由董明珠一手创建的格力空调经销体系，核心内容就是与各地的经销大户结成利益同盟。但这回偏偏是在格力自认为最具优势的渠道上出了问题。

尽管知道这些报道都不怀好意，但是董明珠没有精力去理会，在她看来，淮地哗变已经部分画上了句号，作为格力电器的董事长，她必须抛开这些杂音，一切向前看。

不过梁君却不打算放弃蹦跶，继"新闻发布会"后，又开始炮轰董明珠推行的"无纸化操作"是瞎搞。

对此，董明珠并没有接茬儿，只是对媒体强调说：返利涉及商业机密，在这一点上中国所有空调制造商不搞"无纸化操作"不行。中国空调市场非常特殊。竞争空前激烈，商业间谍、商业谣言无孔不入，各家制造商的定价政策、返利政策被视为"核按钮"。如果用纸质文件，很容易被竞争对手获悉，加以利用，定价体系会一下被击穿，随之而来的便是营销渠道顷刻之间的土崩瓦解，企业只能被动挨打。"强盗易擒，家贼难防"，和竞争对手一样，格力电器采取严密防范措施是不得已的被动行为，而且这些做法已为广大商家认可。

虽然只是格力内部的隔空交手，但经过大小媒体不负责任的炒作，推波助澜，中国空调市场刹时间阴云翻卷，雷声大作。

一些竞争对手纷纷弹冠相庆，以为搞垮格力电器的时机到了，有散发传单的，有复印报纸的，甚至还有以一次5万的价钱让报纸转载不负责任的报道。

市场上充斥着"格力死定了""格力这一回完了"等言论。

在媒体上散布谣言的同时，梁君还通过其他途径诋毁董明珠。

在处理淮地事件的过程中，梁君曾以个人名义给朱江洪发出了一封令人感动的忠诚信的同时，给董明珠也发了所谓的求和信。在不得其果的情况下，他以淮地格力公司的名义向朱江洪呈报了一份《关于淮地格力公司15-19日之间"事态"发展的十点说明》，还向董明珠发出了一封内容极其恶毒的恐吓信。

接到恐吓信，董明珠没有被吓倒，只是淡然处之。

梁君十分清楚，写恐吓信是要负法律责任的，所以恐吓信是用打字机打出的，而他从前对朱总和董明珠所说的恭维与赞美词，都是手写的。

一个人到了这种地步，算计得如此精细，真是令人叹为观止了！

当然，任他算计得精明，最后却仍是一场空，经历了近三个月的较量，他的阴谋未能得逞。

至此，淮地事件最后的余波也结束了。淮地格力销售公司在"哗变"之后不复存在，经销方重新注册了一个淮地新兴格力销售公司，按销售年度当时只剩下两个月时间了，结果格力不仅没有减少销售额，还增长了1.2亿元的。如此戏剧性的结果证明了格力的信誉仍然坚挺，其真诚在市场上也是受到承认的。

······

滨江事件

坏事往往并非单独出现，事出有因，并非偶然……

销售分公司闹事并非始于淮地哗变，之前就有过这样的"以下抗上"的恶劣情况，谓之滨江事件，而那一次事件的关键人是吴良一。

吴良一和梁君一样，也是格力的地区销售负责人，此人曾振振有词地在媒体前发表言论说：格力的区域销售公司为何出现动荡？滨江格力销售公司作为格力区域销售公司模式的发源地、试验田，为何消亡？

吴良一继续发表看法说，区域销售公司的模式本身非常好，问题出在具体操作中，厂商合作关系不平等，珠海格力总以居高临下的态度对待销售公司，政策的随意性很大。接着，吴良一得出结论：格力电器作为国有控股公司，固有的观念、固有的体制使其不是以市场为导向，而以个人好恶为取向，也就是所谓的人治了。格力是被全国几十家销售公司这样的"轿夫"抬起来的，才有了今天的辉煌，格力却因此而"帝王意识"日渐增强，不把各地的销售公司放在眼里。

吴良一还还专门提到了董明珠的名字。他说，他做了六年的格力空调，实现销售 20 亿。由其个人控股 51% 的滨江格力销售公司是格力区域销售公司模式的一面旗帜，1998 年至 2000 年，滨江格力连续三年在格力全国区域销售公司中排名第一。三年里滨江格力投放广告费 3400 万元，着力推广格力空调。然而之后，珠海格力在滨江成立了一家"新兴格力公司"取代滨江格力销售公司。

对此，吴良一感到强烈不解和不满，认为如此重大决策，格力方面只在新公司开业的前一天才通知他，完全没有顾及他的感受。

吴良一表示他忍了很长时间，已经不想再忍耐下去了，之后将诉诸法律，向格力公司讨回公道。他还十分动情地对外人说：我很清楚朱江洪，他是个做事的人，我也曾想与他共存亡，但我很失望，他已没有能力保护我们这些忠实的先驱者了。

……

1998 年秋天，总部接到销售公司员工和二级经销商的投诉，反映问题说：在滨江做格力品牌会赔钱，而且滨江格力销售公司高管吴良一利用格力网络在偷着卖某某空调，还要格力公司员工每人投入 5 万元也做某某空调。

几天后，又接连不断有一些经销商来信，投诉内容大体相似，无非是抱怨做格力没利润，做不下去等等。

作为一家大型工业企业，接到经销商投诉是很正常的事。况且，对商人来说，不管赚多少钱都会不满足，总希望厂家再多让出一些利润。所以，包括董明珠在内的格力高层并没有提起特别重视。

没想到的是，类似这样的信件越来越多。

11 月，格力总部再次收到 9 名滨江经销商的联名投诉，指名道姓反映吴良一克扣返利、定价太高等问题。

原来，在此之前，格力公司把经销商应得的一部分利润返还给了滨江格力经销商，并通过销售公司一一分发下去，谁知滨江的负责人吴良一竟然一口将这笔钱吞了下去，还向上谎报说：滨江经销商各个都赚得盆满钵满，赚得都不好意思了，不想要了。

可事实是，经销商只能赚空调安装费，甚至有时连安装费也不能正常拿到手！

在这些信件中，有经销商声称要放弃经营格力品牌。

董明珠认识到了问题的严重性。回想当初，为了滨江格力销售公司能够正常运作起来，她付出了何等努力。那个时候，滨江销售公司领导班子的工作开展得十分不顺利，各股东对吴良一的工作作风极为不满。他们投诉吴良一经常 11 点才上班，12 点就不见人影，公司经常处于无人管理状态。有一次，各股东单位派出的老总由于不服吴良一的领导，甚至跑去珠海联名要求撤去吴良一的高管职务。为此，董明珠特意在滨市待了将近一个月，摸情况，找所有股东谈话，最终说服大家求大同存小异。

现在，一切刚刚步入轨道，就在销售公司的高管身上发生这样的事，这让董明珠感到十分恼火。她完全无法想象，自己的一番努力换来的却是这样的结果，吴良一竟敢利用手中权力，为个人谋私利！而这样的行为，无疑在商家中造成了极坏影响。

必须拿出解决的对策来！董明珠对此下了决心。

而要想处理好投诉，必须掌握第一手资料，朱江洪也赞同董明珠严厉处理此事的想法，便要求她到滨江市场亲自调查一下。

董明珠考虑了一番后对朱江洪说：据总部派驻滨江的同志反映，吴良一经常在商家面前有意无意地炫耀自己在格力电器的话语权，甚至对商家说格力人事调整时都要和他商量。鉴于这样的现象，滨江经销商恐怕会有一些顾虑，见了我未必敢讲真话。还是您亲自跑一趟，更有利于了解真实情况，查个水落石出。

朱江洪接受了董明珠的建议，决定"微服私访"，暂不惊动滨江销售公司。

很快，朱江洪调来一辆吉普车，一路走了 20 多天，接触了大大小小上百个经销商。

果然，经销商中的许多人都心有顾虑，说：朱总，千万别把这些情况告诉董总，听吴良一说董总和他关系很好，到时候还不把我们整得更惨？

朱江洪连忙安抚他们道：你们放心，本来应该是董总来了解情况，就是担心你们听信谎言，不敢对她讲真话，我才来了。

微服私访的结果显示，经销商的投诉大部分是真实的，情况甚至比估计的还要严重。经销商太苦了！再这样下去，格力空调在滨江的市场就有可能毁于一旦。

此前在公司总部，朱江洪曾责令滨江销售公司给所有经销商返利，并给予一定的补偿，吴良一也表示同意，但迟迟没有动静。

朱江洪非常生气，火急火燎地赶往滨市，马上召集二、三级经销商开会，当着众人的面，他没有丝毫客气，质问吴良一：之前，你谎报军情，说什么经销商赚得盆满钵满，真实情况却是他们被你剥削得连安装费也收不全！我给你的政策是怎么执行的？你挣了多少是你自己的，但不能把下面二、三级经销商的利润都吃掉，必须根据商家的销售额，按2%补回给人家！

经销商听了这些话，暗暗拍手称快，情绪又重新调动起来了。当时正值销售旺季前夕，经销商的积极性对于新年度的销售至关重要。

面对现实，吴良一也无可辩驳，表示一切按照朱江洪的指示办理。

然而等到朱江洪一走，吴良一又故态复萌，刁难起下面来。还威胁投诉的经销商说：这下好呀，你们投诉吧，到头来对谁有好处呀？

经销商们一个个都感觉压力很大，没办法，只好再次向珠海呼救。

面对这种情况，到底应该怎么办？董明珠陷入了沉思，她记起了1997年冬天格力在全国成立第一家区域性销售公司时候的事。

其中需要提一下的是一个叫马得利的人，此人曾任滨江新兴格力销售公司高管，原是中央企业公司下属一家电器公司的经理。1997年，这家公司做格力空调销售额达1.5亿，同时还做其他几个品牌的销售，由于恶性竞争，所有品牌都不赚钱，企业严重亏损。马得利觉得对不住大家，对不起公司，决定引咎辞职。

辞职报告递上去，还没有批下来，恰好董明珠出差返回珠海路过滨江市，顺便就和滨江做格力空调的大经销商坐在一起交流聊天，期间，马得利讲了自己辞职的事，董明珠就说：现在辞职好吗，经营一年企业没效益，你怎么向上级交待呢！

其实，当时的大经销商们普遍对于当时自己亏损的经营现状感到压力十分之大。董明珠便当场和他们分析原因：就是他们存在着严重的管理问题及投机心理所造成的。而且在经营过程中，相互之间缺乏诚信。

究竟如何改变这种现状，董明珠提出以格力品牌为核心组建格力销售公司，希望以这种模式来改变无序的市场环境。

回到珠海，董明珠开始探讨成立滨江格力销售公司的可行性，两天后又到滨江市，和那些大经销商们一起商量，试着通过利益机制将他们拧在一起。

这个想法得到朱江洪支持后，迅速实施起来。董明珠认为新模式成功的可能性很高。建立省级专卖公司，格力和经销商之间的关系一开始就是可调控的，而不是盲目的。

于是在1998年，滨江格力销售公司成立了。成立会上，董明珠提出了三条特殊要求：一是滨江公司销售格力空调不允许赚暴利，二是必须把所有的销售价上报格力总部审核，三是不能经营其他品牌空调。

可惜，当初建立滨江销售公司时的初衷完全走了样。时隔一年，问题开始出来了，先前制定的措施，特别是返利和定价政策根本到不了位，滨江大部分经销商得不到自己应该得到的利益。

吴良一不止一次地说要做中国大陆的李嘉诚，做企业集团的老总而不是一个地方性公司的小头目。他不想把自己绑在格力战车上，开始尝试经营其他品牌，用他自己的话说，今后任何一个空调品牌想要进入滨江市场，非经过他不可！

抱着所谓的"远大理想"，吴良一目标坚定，一往无前。

此后，吴良一便做起了两面派，表面上对珠海格力总部言听计从，唯唯诺诺，背地里却我行我素。

有一次，董明珠看不过去，不客气地对吴良一说：你要做别的空调就一心一意做别的空调，干脆别做格力，把销售公司高管的位子腾出来！

吴良一立刻当场认错，可转过身去，又悄悄地改做其他品牌。还坚持要所有员工投资 5 万元，组建另一家新公司，再用格力渠道推销，以达到"全国家电进入滨江市场，必须通过他这第一关"的目的。

结果，做其他品牌赔出去了 100 多万元。

后来，吴良一又在格力专卖店为某品牌做展台，公然搭格力空调的车销售竞争对手的空调。在 2000 年滨江全省订货会上，吴良一甚至公然表示第二年要做 8000 万元的某品牌，并一次打过去 2000 万元的款项！

此前，董明珠跟朱江洪董事长几次提到吴良一偷着卖某品牌，朱江洪并没在意，说：商人总是要赚钱的，让他卖吧，那是一个小品牌，蚂蚁岂能撼树。

而下面的经销商们则纷纷对董明珠抱怨：吴良一明确规定经营格力必须要摆某品牌展台，必须卖多少，否则就不给做格力。格力空调开始给自己的竞争对手经济补贴了！

情况变得十分复杂，这些行为足以证明吴良一的野心。

听了许多经销商的反映，董明珠终于意识到问题不小，开始警觉起来。在又一次接到经销商对吴良一的投诉之后，把其叫到珠海，直截了当地说：我知道你对格力不满意，你可以离开嘛！

吴良一下意识地狡辩道：您绝对错怪您部下了，我吴良一不是那种人，对格力决无二心，可以对天发誓！

董明珠再问：那你为什么打 2000 万元给某品牌？

吴良一信誓旦旦地赌咒发誓：天地良心，绝对没有的事。不知又是谁在那儿造谣生事，无中生有。

见吴良一仍然死不认错，董明珠怒不可遏，把杂志往他面前一扔，厉声道：我不认为是有人造谣，白纸黑字，媒体上都登消息了，你还有什么话要说？

吴良一看了地上的杂志，先是一惊，继而做出痛哭流涕的姿态道：您这是当头给我一棒，把我打醒过来了。我太糊涂了，这次错了，回去就改，一心一意做格力，您放心。

由于吴良一哭得稀里哗啦，朱江洪和董明珠只能再给他一次机会，让他改正错误。

没想到的是，吴良一一回到滨市，就对部下召开会议说：珠海方面形势非常严峻，我们一定要做好第二次创业的心理准备！

吴良一动作很快，"第二次创业"紧锣密鼓地进行着，他把卖格力空调赚来的钱偷偷转移了出去，成立了一家新的空调销售公司，甚至让滨江格力销售公司担保，从银行借出钱来经营别的品牌！

吴良一的新公司大力推销新品牌，用的却是格力的各种资源，动用的是格力的经销商。他甚至利用手中的发货权，蛮横无理地要求所有格力的二、三级经销商必须摆展台、展柜做新品牌，否则不让销售格力空调。

董明珠听到消息后，出奇地愤怒，强势命令吴良一不准再做其他品牌，撤掉那些展台展柜。吴良一故技重施，连声道歉，并采取行动撤了展台展柜，可风头一过，照样我行我素。

现代企业家必须有涵养，能容天下难容之事，但是，世界上任何一个制造商都不可能容忍商家动用自己的资源为自己树敌，花钱培植自己的竞争对手。不管格力电器在滨江销售公司有没有股份，丝毫不影响他们对经销商的制约。销售公司问题成堆，吴良一强调各种困难，拒绝执行最基本的经营规则，这样下去滨江市场早晚会毁在他手里。

不能让吴良一代表格力继续干下去！

格力花了大量的心血来培植市场，而现在，滨江经销商对经营格力是怨声载道,格力在滨江面临一种新的危机,公司独特的营销模式在滨江将迎接一种新的挑战。

董明珠和朱江洪深刻反思了一番,之前考虑到吴良一毕竟很年轻,不忍心一棒子把他打死,想给他一次改正的机会,让他真正反省自己的错误。然而,他并不珍惜这次机会,不仅没有收敛,还反过来对外说他为格力电器创造了滨江市场,要公司赔他"市场培育费"。这样的人绝对不是什么善茬儿。

格力空调90年代初就在滨江打开了市场,而和吴良一的合作始于1996年。吴良一做过国内很多品牌,1997年的时候,他本人亏得一塌糊涂,难以支撑下去,是董明珠推动成立滨江格力销售公司救活了他,现在却公开说是自己创造了格力空调的滨江市场。在2000年的一次全国销售公司会议上,吴良一还振振有词地说:我这三年已经完成了人才积累、资本积累和网络积累。

好心被一次次地当成驴肝肺,事后的各种挽救工作也均以失败而告终,董明珠和朱江洪最终决定:与其他股东商议组建新公司取代滨江格力销售公司的职能。

2001年3月,滨江新兴格力销售公司成立了,由原滨江格力销售公司高管马得利负责业务。考虑到吴良一对滨江业务比较熟悉,董明珠还想再给他一次机会,让他到新兴公司当高管。

此后,格力还对所有努力工作的经销商补回了前期应得利益,这一决定使经销商们感受到格力公司的严谨和负责,大家对格力品牌更是信心倍增。

董明珠等高层用行动告诉所有人:格力是用制度来开拓市场,而不是某个人说了算。

可惜,面对这样的宽容,吴良一仍然没有反思自己的错误,认为公司一而再地留任他,是因为他个人有能力,格力离不开他。

自忖有这样的"倚仗",吴良一大大咧咧地打电话到总部,推说心脏不好,要求住院。同时又对下面的经销商说:怎么样?董姐说话了,新兴公司还是我当老总，还是离不开我吴良一！对我不满？走着瞧！

经销商们听到这番话，纷纷脸色大变，立刻打电话到珠海总部询问情况，担心新公司换汤不换药，最终还是会被吴良一踩在脚下。

有鉴于此，董明珠等高层一个个地向他们解释说：新的滨江公司的常务工作并非由吴良一负责，而是由马得利同志负责。

听了董明珠的保证，经销商们这才放下心来。

之后，马得利也没有辜负董明珠和朱江洪的期望，在他的领导下，新兴公司各项工作很快就理顺了。

而在医院中装病的吴良一黯然地发现，没有他地球照样转。于是他憋不住了，立刻打电话要求回来上班。

朱江洪说：回来上班好嘛，照样做你的老总。

吴良一忙问：这班怎么上呀？做老总连个印章也没有。

朱江洪说：我干了十几年老总，也从来没见过印章什么样子。

话说到这儿，董明珠和朱江洪都知道，吴良一恐怕还没有真正意识到自己的错误，不是真心要把企业搞好。

果然，吴良一一恢复工作，马上召开员工大会，通知新兴格力销售公司业务人员立即返回滨市。

当时已是4月，空调销售旺季就要到了，新公司的人员从上到下都在外面跑市场，马得利自然不同意开会。吴良一退一步要求让中层干部回来开会，仍然没有得到马得利的支持，开会一事只能作罢。

吴良一不甘心，打电话问董明珠：为什么我连开个会都不行？

董明珠反问：你做空调这么多年了，你说现在是开会的时候吗？

吴良一知道自己已经不受董明珠等高层的待见，自感十分没趣，遂主动提出辞职。

滨江事件算是就此落下帷幕。

事件的关键人吴良一始终有一种误解，觉得自己是一个难得的销售人才，滨江市场是他一手一脚干出来的，手里还握有滨江格力销售公司这样一块金字招牌，"留得青山在，不怕没柴烧"。

此外，吴良一还错误地估计了形势，认为既然格力造就了他，就理所当然要支持他。滨江格力销售公司是格力的实验田，全国销售公司的一面旗帜，格力把他树起来作为榜样，就不能让他倒下去。无论他做错什么，错多少次，格力都不敢撤他，撤了他就等于宣布格力销售模式的失败，撤了他就是对格力销售模式的否定。

而事实是，新兴格力销售公司离开吴良一照样转，并且转得很好。2000年的销售额比上年增长 1.8 亿元，2001 年销售额超过 7 亿元，仅次于广东、河南，名列格力空调全国市场的第三位。

之所以能有这样的成绩，是因为格力走的是正统的路子，是依赖自己的产品质量、优秀的经营理念和创新策略在滨江成为一个深受消费者喜爱的家电品牌的。

河南事件

> 一波还未平息，一波又来侵袭，问题一
> 个接一个，仿佛没有止境……

滨江、淮地事件后，又发生了河南事件。

1999年10月8日，董明珠突然收到有河南格力销售公司4名股东亲笔签名的一个传真件，后面附上了股东会议上形成的决议：

一、鉴于河南格力销售有限公司1999年经营中出现的工作失误，与会股东单位的代表一致认为，作为总经理的郭书占同志有不可推卸的责任，同时，一致同意郭书占同志辞去总经理职务的意见。

二、向董事长董明珠同志报告情况，建议新的总经理人选由格力厂派人担任或从其他方面委派。如果格力厂不直接委派，由公司董事会根据总经理人选的素质要求公开向社会招聘。

三、为防止公司资产流失、损失，暂时冻结公司资产，何时解冻，由董事会另行通知。

四、对河南格力销售有限公司1999年3至9月份工作情况、财务状况进行会审，会审的时间、地点及形式另行通知。

首先先说说格力在河南的一些情况。

如同其他地区一样，格力也在河南成立了专门的销售公司，这家公司成立于 1999 年春天，在格力的地区公司中属于较晚的。

入股公司的股东都是当地销售格力空调的大户。这些人在以前的竞争中有着各种各样的恩恩怨怨，同时怀着各异的心思。有人想用格力牌子赚大钱，有人想借此转嫁危机，有人则抱着试试看的态度，万一不行就散伙。

复杂的情况给公司埋下了隐患。

另外，新的销售公司还让当地的二、三级经销商难以接受，原本是几个大户相互竞争的局面，突然间就合为一个公司运作市场，180 度的大转弯让他们产生不好的印象，认为大户们联合起来，无非就是为了从他们身上榨油，因而处处存以戒心。

公司的总经理是一位叫郭书占的中年人，从上任之时起就不得不夹在大户股东和二、三级经销商之间做人，每每感到束手束脚、左右为难。

对此，董明珠自然是看在眼里，她认为，区域销售公司成立的目的就是管理好市场，服务好下级经销商，杜绝同品牌恶性竞争，从这点出发，她支持郭书占站在经销商一边。

不过，郭书占的处境实际十分微妙。

当时在河南周围的山东、河北、北京、陕西、江苏、淮地仍停留在大户操作阶段，还未形成区域销售公司管理区域市场的局面，部分经销商借此机会大肆向地处中原腹地的河南"窜货"。最令他尴尬的是，一些经销商要求他堵住外省货源冲击本省市场的同时，自己却改不了"窜货"的坏习惯。

有时候这边锣鼓喧天欢庆销售公司成立，那边离公司几百米处就有人卸载从外地倒腾来的格力空调。外地空调大量涌入，使河南格力销售公司向二、三级经销商许诺的规范市场、控制价格、保证利润通通变成了废话。

内外夹攻，经营困难，矛盾越来越尖锐。对一些大股东而言，此前积极要求成立河南格力销售公司，是因为觉得销售公司可以赚钱，而现在发现公司的运作并未有任何显现赚大钱的迹象。

两个月后，股东联名要求总经理每月汇报一次工作，也就是事前请示事后汇报。

郭书占则回应说销售公司不是为几个大股东服务，而是为全体经销商服务，对于股东的要求没有同意。

之后，双方矛盾越发激化，继而发生冲突。

有一天，某大股东以自己是监事、有权进行审计为由，突然跑到销售公司搜集所谓的"罪证"，期间又是撬门窗，又是撬抽屉，搞得销售公司乌烟瘴气、人心惶惶。

与此同时，竞争对手也没放过这个趁火打劫的机会，纷纷在社会上散布谣言：河南格力销售公司不行了，要解散了！郭书占有严重的经济问题，马上要被罢免了！

一时间，格力经销商纷纷莫名惊诧，人人自危。

在这样艰难的条件下，郭书占仍旧没有放弃，兢兢业业地做事。经过半年的艰苦拼搏，河南格力销售公司不仅挺了过来，1999 销售年度结束时竟然还有不少盈利。

然后，利益之争又起。

为稳定销售市场，消除经销商对公司的不信任，增强对格力空调的信心，郭书占决定按公司章程拿出一部分利润奖励二、三级经销商。这本是正常的公司业务，却让几位股东大为恼火，他们认为郭书占的行为损害了自己利益，一名股东甚至直说他只向着经销商，不向着股东，并气势汹汹地打电话给朱江洪说：有我无他，有他无我！郭书占不走，我们所有股东全部退出！

随后，股东们秘密串联，策划着罢免郭书占总经理职务，并于 10 月 8 日在南阳市召开"股东会"，以莫须有的罪名罢免了郭，并逼迫他签字承认错误，郭书占被逼无奈，只能签字。

事后，郭书占委屈得向董明珠打电话哭诉：董总，他们开会罢免了我……

董明珠连忙对郭书占表示了支持，说：他们的做法是错误的，你没有为个人谋私利，一定要挺住，我会支持你、相信你。现在无论受多大委屈，你都要挺住，工作照样做，总经理照样当，不能让市场遭受任何损失！

郭书占依然泄气地说：我已经不是总经理了，他们开会向下面经销商宣布我不是总经理了。

董明珠继续鼓励道：那没用。他们罢免你，我来罢免他们，让股东全部退出，格力电器选择新的、更加优秀的经销商投资，你继续当总经理。

……

安抚好郭书占后，董明珠立刻拨打电话给领头闹事的股东，厉声警告道：你不干可以退出，但是绝对不能干扰郭总经理的工作，否则后果自负！

股东当然不服，交谈不欢而散。

接着，公司根据这些股东开列的"罪状"，专门派人到河南逐项进行调查，结果发现所谓的"罪状"纯属无中生有，捕风捉影。

事情既然调查清楚，董明珠自是把股东们一个个找来一顿好批评，直到他们不再吱声为止。

在董明珠的坚持下，郭书占保留了自己的职位，并继续推行之前的计划：拿出销售公司当年的部分利润对全省格力经销商予以重奖。

经销商们拿到钱后一个个喜笑颜开，都说：过去我们跟着大户做，亏赚没人过问，哪有什么年终奖。以前是没娘的孩子没人疼，现在有了销售公司，一切都不一样了！

纵观这次事件中股东与总经理之间的矛盾，其实不过是大户与经销商之间的利益之争，也是长远利益与短期利益之争。可以说，一个好的经营者必须准确把握、坚持正确的经营理念，企业才能发展。所以，好的经营者是企业成功的前提。

总之，在董明珠的支持下，郭书占的带领着河南格力销售公司逐步实现了自己的战略目标，淡季回款由2000年的2亿元增长到2002年的4亿元，创下历史新高；销售额则从1999年的3.5亿元上升到2002年的10亿元，成果十分可喜!

　　河南格力销售公司对经销商的年终奖励也增加了很多,郭书占还对做得好的经销商给予了旅游奖励和汽车奖励。

　　大股东也得到了他们应该得到的投资回报,闹事的股东看到河南格力销售公司一天比一天红火,喜出望外,信心倍增,一个个到董明珠面前反省说:以前都是我们不好,现在看起来,我们向格力投资没有投错,格力为我们选的总经理没有选错!

　　至此,河南事件以一种皆大欢喜的方式落下帷幕。

　　……

第八章 与国美之战

企业的内部整合会耗去许多的精力，但是只要完成内部纯化，那么对外就能更加有力……

对战的肇始

自古以来有店大欺客的说法，到如今，则是渠道商做大后逐渐变得肆无忌惮的时代……

经历了一次又一次内部事件的冲击，董明珠通过不懈的斗争和努力，完成了从销售员到中层干部再到集团掌舵者的巨大转变。

而格力电器也在一次又一次的自我进化中成为空调市场上举足轻重的势力。

但是，对于董明珠来说，这仅仅是开始，新的来自外部的挑战正在前方等待着她。

先来看当时市场上渠道商崛起的背景。

随着市场竞争的加剧，市场的日益完善，一批家电连锁销售企业经过多年发展，已经成长为市场上的一支非常重要的力量，其中，国美、苏宁、永乐等企业的表现尤为抢眼。

2000 年以来，这些大型连锁企业开始在全国各大城市攻城略地，疯狂圈地，在整个家电市场中占有的份额大幅度提高，其地位也直线上升。据商务部最新公布的全国商业连锁 30 强名单中，国美以 178 亿元的年销售额位列第三，在家电零售领域排名第一；而苏宁、永乐、三联等其他连锁企业销售业绩也非常可观，紧随国美之后。

看到国美和苏宁等专业大卖场的强势，很多家电企业在"术业有专攻"的精神指导下专注于制造，大幅削减自己的渠道投入和经销商队伍。

为了甩掉巨大的营销成本，这些家电企业把销售几乎完全交给了大卖场，家电大卖场由此一跃而成为国内大多数厂家不可或缺的、甚至是最重要的渠道力量。

海尔、美的等企业甚至纷纷成立大客户连锁部，强化与家电连锁企业的对接、支持和服务功能。一些中小品牌为了"讨好"连锁巨头则主动放弃了其他渠道资源。

然而事实证明，这种"偷懒"的行径最终酿成了严重的后果。

随着迅猛的扩张，渠道商们逐渐开始膨胀，对于生产商的态度也变得强硬，转而"挟渠道以令厂商"。曾经以为进入大型连锁商店就万事大吉的生产商们慢慢地难受了起来。

空调行业也没有摆脱受渠道商"要挟"的命运。

长期以来，空调业一直沿用的是"淡季打款，旺季甩货"的交易模式，厂家挪用经销商的资金发展。比如家电大卖场国美，其采用的就是定期结算或代销的方式，然后利用厂家的资金求得自己的发展。

由于自身力量的壮大，渠道商们自然希望谋求获得更大的市场利益，为此不断挑起价格战，甚至擅自降价倾销，从而达到清洗行业内其他中小经销商，垄断市场、获取最大利益的目标，同时还能借此来夺取厂商交易中的主动权，让厂家变成自己的生产部门。

国美便是渠道商中的佼佼者，它揪住了厂家在库存减压与盈利需求间摇摆不定的软肋，让很多厂家陷入两难的境地：他们越依赖大卖场，就越得罪中小经销商；得罪了这些中小经销商，他们也就越依赖大卖场，最终形成一个恶性循环。

国美等家电卖场还把收取厂家的赞助费作为主要的收入来源，对生产商收取的进场费、选位费、节庆费、管理费、开店庆贺费、促销费、广告宣传费，收费手段名目繁多。其每开一家新店，仅家电品牌的进店费就能进帐数百万元。许多家电制造商哀叹：不进连锁渠道是等死，进去了也挺不了多少日子。

采购价格的压低，巨额进场费、促销费，漫长的商品回款账期，这些因素如同沉重的大山压在了生产企业的头顶，使得很多企业的资金链条时刻处于紧张的状态。

具体来说，2005年中国家电业的盈利率仅为0.61%，濒临亏损的边缘，好一些的企业利润率也不过2%多一点。几乎所有的空调厂家都被拖欠货款，更有甚者还出现了现金流失控的状况，陷入瘫痪。

关于国美电器等渠道商残酷挤压利润的责难一度甚嚣尘上，很多人都对国美怨声载道，但是谁都不敢背它而去。每一家新开的分店，国美都要求厂家必须进入，如果不进就在全国范围内撤下其产品。国美以低于厂商定价的方式推动销售，产生的亏损甚至要厂商弥补。

2004年2月，成都国美为了在空调销售旺季到来前抢得先机，未经格力同意便擅自在相关媒体上刊发广告，将格力一款零售价为1680元的挂机降为1000元，3650元的柜机降为2650元。

当时，董明珠正准备到北京参加全国人大会议，听到这个消息后大为恼火。在她看来，国美的行为显然破坏了格力的价格体系，损害了其一线品牌的形象。

随后，董明珠立即电告国美，要求其立即终止低价销售行为，并向格力道歉。

在董明珠强硬的态度下，国美倒是道歉了，但很快就发出紧急通知，要求全国各分公司的数百家门店把格力空调"扫地出门"。由于双方在随后的2004年合作谈判中未能达成共识，3月，冲突升级演变为国美在全国停售格力的局面。

至此，双方磕磕碰碰数年的合作关系正式宣告破裂。

　　斗争的焦点在于制造商和零售商谁该拥有定价权。这个概念如今随着网络上一些经济学家的论战而逐渐为人所熟悉，但在数年前还不为人知。

　　在董明珠看来，如果厂家在价格上听命于商家的安排，没有合理的利润，无法持续进行研发投入，长此以往将被牢牢锁死在劣质低价中而不得翻身。国美对格力空调任意的低价处理严重扰乱了格力区域内的稳定的价格体系，使格力的传统经销商利益受到伤害，两者之间的利益走向了根本性的对立。经过国美肆意的价格冲击，格力在各地辛苦建立起来的赖以生存和发展的"股份制区域经销"模式甚至有可能顷刻间崩溃。

　　没过多久，董明珠从电话获悉了国美对格力产品的"报复"，这让她感到异常愤怒，遂立即指令格力产品全部撤出国美。

　　朱江洪劝董明珠说：要不要再斟酌一下？

　　但是董明珠觉得不能跪地求饶，一定要坚持立场跟国美斗。

　　此次"对抗"中，在国美看来，格力只是诸多家电品牌中的一员，岂能因为这样坏了"自己的规矩"，自是不愿向格力妥协。

　　而董明珠也同样有底气，格力的产品好，服务好，还有一支强大的营销队伍。对于拥有强大专卖体系的格力来讲，90％以上的销量已经有所保障，在国美的年销量只不过是百分之一二而已，对国美并不是那么依赖，颇有点儿有恃无恐的意味。

　　所以，决裂也就成为了唯一选择。

　　其实，生产商对抗零售商的例子并不鲜见。2003 年，国美曾因单方面的降价行为两度与联想翻脸，但联想采取了多级代理的销售渠道，国美并没有撼动联想在市场中自主经营的地位。在国美降价过程中，联想采取了可能诉诸法律的警告和断货措施，滞缓了国美冲击 IT 市场的步伐。

　　作为家电业唯一"挺身而出"对峙流通渠道强权的企业，格力让众多家电企业肃然起敬的同时，也让关注格力前途者捏了一把汗。

　　正在北京参加全国人大会议的董明珠也成了大家注意和议论的焦点，而她只是轻描淡写地回答了一句：格力和国美从来没有什么开始，也没有什么结束。

有人善意地提醒：现在大家都讨好国美还来不及，得罪他们太危险。

董明珠则回答：如果跟国美等大卖场大面积合作，很多企业会死得更快。

国美与格力乃至其他厂家的矛盾，说白了就是利益之争。对大卖场而言，追求的"最低的价格、最快的速度、最大的销量"，这种思路本无可厚非，但生产企业如果放弃自己的利益一味迎合，就很危险。

此次事件中，董明珠一直坚持着自身的立场不动摇，并公开表示：不是有人想卖格力就可以卖的，还要看我愿不愿意给他卖。我的性格是不屈服，积极寻求公平与各方面的平衡，不做无原则的让步。

在事件发酵过程中，媒体和专家们纷纷发表看法，他们普遍认为：国美代表新的、先进的流通体制，必然胜利；格力代表旧的、落后的流通体制，必然失败。

甚至有人断言：格力的渠道模式明显落后陈旧，离开国美后必然将是死路一条，中国的家电零售必然会全部连锁化。

还有媒体称：格力顽固坚持自己的渠道形态，走错了路。

各地媒体上一天内会有几十篇评论性文章出现，大多数煞有介事地报道说：格力已经滑坡，掉出了主流品牌行列，销量已经跌出了三甲。

尽管"封杀"事件在媒体和家电厂商中反响强烈，在格力内部却波澜不惊。

董明珠再度强调说：从没有和国美合作过，所以也谈不上分手。

事后，格力空调销售量不但没有减少，反而还有增加，每天的出货量近3万台，一些型号甚至断货，整个淡季的销售量比去年同期增加了一倍多。仅"五一"长假期间，格力空调就卖了20多万台。

应对

> 新的时代，渠道为王，要与掌控了渠道的一方对抗，唯一的方法就是不依赖对方的渠道……

2004 年 8 月，格力在珠海召开名为"飞越巅峰"的年度销售商大会，近 300 名经销商代表到会。

此次会议上，朱江洪首次正面提及与国美的决裂，表示有几家国美的分公司向格力示好，但都被回绝。因为国美还没有改变牺牲别人谋取自己利益的做法，格力空调目前返回国美销售还不合适。

会议当中，董明珠一力坚持的格力模式得到进一步确立：区域销售公司配以专卖店、专营店的销售渠道。这种模式经过格力多年潜心构建、磨合顺畅，在全国可以说是唯一的。

会议最后，董明珠宣布新的年度格力将冲击"空调世界冠军"。

纵观当时的国际市场，格力空调在世界家用空调制造商中已经爬升到了次席，排在首席的是韩国的 LG，年产量为 700 多万套。

当然，尽管眼睛盯着的是国际总排名，国内的销售却并没放松。之前的国美事件中，虽然与国美交恶，并不代表格力就排斥所有的家电大卖场。董明珠非常清楚，国内并不止国美一家大卖场，没了王屠夫，照样吃带毛猪！

随后，董明珠用实际行动证明了自己的决心，先是与大中电器签下一份包销 1.8 亿元空调的年度协议，同时，还与苏宁、永乐、三联等大卖场积极洽谈合作事宜。

国美得知格力的动向后，视此为一种挑战。黄光裕特意在家电企业的峰会上说了一段类似宣战词的话：你拿我黄光裕平衡我的对手，我就拿你平衡你的对手，你对我有越大的信任我就给你越大的信任，你能给我付出，我就带头扶持你的品牌，这就是做事的规矩。

这话说得格外有针对性，甚至放出了要扶持除了格力以外的其他品牌。而这对于那些反感国美而又不敢与之决裂的家电生产厂家来说，算是一个意外之喜。相当于国美黄光裕与格力董明珠在上面打擂台，它们在下面得了实惠。

自 2005 年起，一些家电品牌终于也能够和国美、苏宁等连锁大卖场坐下来好好地谈一谈了，不经厂家同意就擅自降价的行为也有所收敛，至少在之前会发函经过企业确认。而在此前，所有品牌都必须遵循国美等大卖场的规则，没有任何商量的余地。

不仅如此，为吸引生产企业的眼球，国美还拿出巨资，集中进行大笔空调采购。

2005 年年初，国美一次就推出 108 亿元的空调采购大单，供海尔、美的等 18 家空调企业分享。

2007 年 3 月，国美拿出 50 亿元现金签约空调主流品牌，采购量达到 2006 年整体市场份额 40％以上。在国美的订货会上，大厂家营销一把手悉数到场，很多厂家的生产计划就是围绕着国美和苏宁两大销售巨头制订。

面对着众多厂家对国美、苏宁的追捧，董明珠置若罔闻，并不屈就。

2006 年，在苏宁的一次空调采购招标会上，对于苏宁提出的种种要求，董明珠公开声明：如果苏宁非要以这么低的价格进货，格力就退出本次的采购。

董明珠的"不合作"再次让众多媒体兴奋起来，并纷纷下了所谓的"死亡预言"。

但是让许多人失望的是，格力此后依然活得很好。

2004 年是中国民营企业史上的又一个凶年，这一年的宏观调控给予很多热衷于扩张的企业以当头一棒，包括德隆、科龙、健力宝等响当当的品牌在内的众多企业相继轰然倒下。空调业的日子同样不好过，许多企业纷纷交出了亏损的成绩单。

在一片灰暗当中，格力成为唯一的亮点，其当年的销售额是 138 亿元，同比增长近 38%，实现净利润 4.2 亿元，比上年增长近 23%。这意味着在原材料涨价、出口退税比例降低和空调行业竞争加剧的 2004 年，与国美绝交的格力依然业绩不凡。

2005 年，整个空调行业都面临着原材料涨价，以及对外出口受到欧盟环保指令制约的压力，空调行业首次出现了负增长；同时，家电渠道对上游企业的挤压也让家电企业不堪重负，利润率不断摊薄。

格力在急转直下的大环境中却逆流而上，其空调全球销量当年突破了 1000 万台，跃居世界第一。销售额则超过 182 亿元，继续占据国内销售冠军之位。

2006 年，国内家用空调销量再次负增长，上半年空调零售量同比下降 10.95%，零售额同比下降 6.16%。除少数品牌外，大部分空调企业国内销售出现 10% 以上的负增长，个别品牌跌幅竟达到 41%。

在哀鸿遍野中，格力依然例外。

2006 年前 9 个月，格力电器主营业务收入达 181.2 亿元，同比增长近 40%。同期净利润更高达 4.97 亿元，同比增长超过 18%。到 2006 年末，格力在全国已拥有专卖店 3000 多家，逐渐形成了一个以城市为重心，以地县为基础，以乡镇为依托的三级营销网络。

事实证明，董明珠所一力坚持的格力模式拥有着独特的优势。

对于当时处于空调寒冬的很多企业来说，格力模式无异于黑暗中的一盏明灯。放弃国美、苏宁等家电连锁仍能取得如此业绩，众厂商看到了榜样的力量，于是甘愿冒着被家电连锁封杀的危险，也要套用这种模式，自建渠道。

一时间，追逐董明珠的格力模式似乎成为一种潮流。

格兰仕从 2006 年开始在全国成立了大小 53 家区域销售公司，虽然在规模上无法与格力相比，但在形式和管理上还是有很多相似之处。随后宣布 2007 年将改变营销模式，在部分地区与经销商合作，成立合资或全资销售公司。另外志高、春兰、三菱重工也都组建了类似的区域销售公司。随后，TCL、美的也开始建立自己销售渠道。奥克斯空调宣布，在国内三四级乃至乡镇的五级市场布下 6800 家网点。

这种"渠道复辟"与当初指责格力模式一样成为新时尚，实在是颇具讽刺色彩。

对这种局面，董明珠仅仅淡然地说了一句话：和谐是斗争出来的！

纵观整个国美事件，格力在与国美交恶后销量反而大幅提升，完全出乎那些吹捧国美模式的专家所料，其中一个很重要的原因，就是董明珠坚持和国美摊牌，其决心大大地鼓舞了经销商的士气，使他们对格力有了更大的信心。

依靠专卖店渡过最关键的两年后，董明珠也投桃报李，开始回馈经销商。

2006 年 8 月，董明珠提议以优惠价格向经销商定向增发相当于总股本 15% 的股票。

2007 年 4 月，董明珠再次宣布将格力 10% 的股权转让给 10 家销售公司，这些公司属于格力的核心经销商，销售额占格力内销总额的 65% 以上。

连续的举动，等于是用资本的纽带，把经销商和格力电器的利益更加紧密地捆绑在了一起，充分调动了经销商维护和提升格力品牌的积极性，进而形成了经销商与格力共赢的局面。

模式的选择

> 自建渠道，这是生产商可以选择的另一
> 条路，虽然要耗费更多的资金和精力，但是
> 一旦建成，好处无穷……

　　与很多人预言的大卖场一统天下不一样，董明珠选择了以连锁方式扩大经营自开门店，通过以区域经销商为主体的"代理制"的销售网络扩张。

　　2008 年，在全球开设的格力专卖店已达一万多家，形成了可观的新时代的终端网络。在广州，曾经一天之内有 10 家格力专卖店开业。

　　这种方式一直被国美和苏宁所攻击，国美总裁陈晓说：自建门店不符合消费者"多样化"选择的需要。

　　苏宁也认为格力层层批发的模式既繁琐，又让中间商挤占了利润。

　　董明珠却不这么认为，她坚决反驳说：格力的发展证明格力的渠道模式是没有问题的，所谓"传统"与"新兴"，只不过是人为炒作出来的概念。

　　由于格力是通过给经销商足够的利润，培养起经销商对格力品牌的忠诚度的，这使得经销商有能力为格力提供专业的售后服务。由此看来，董明珠坚持的盈利模式与以往的营销模式是截然不同的。此外，格力空调的高品质经受住了市场的考验，这也是董明珠信心的重要来源。

　　尽管建设销售渠道会产生额外费用，不过国内的市场缺乏规范，董明珠在渠道上的花费一定程度上起到了培育和规范市场的作用，降低了流通环节

费用的同时，还为消费者带来了回报。

至于为何要专注于走专卖店之路，董明珠认真地解释说：这是由空调产品自身的特殊性决定的。空调不是彩电、冰箱，抱回家插上电源就可以用，还需要后续的安装维护，需要一支完整的售后队伍。而自己推动建设更多的专卖店，就是为了让格力的服务更到位，特别是今后将重点开发的中央空调业务，更需要专卖店来提供专业服务。

可以看出，董明珠的眼光并不局限在现在，更着眼于未来。

当然，不和谐的声音总是会有的，有些评论就认为，格力自建渠道成本太高，属于无益的挥霍行为。实际情况却并非如此，在建立专卖店的过程中，往往都是经销商自己出钱建店，格力在不花钱的同时还能达到控制经销商的目的，可谓一举两得。

董明珠为此回应媒体说：中国的市场非常大，并不存在一种渠道模式一统天下的局面。

简单来说，就是与国美的交恶，格力损失的不过是1％的市场份额，但搞好了与上万家经销商的关系，格力换来了30％以上销售额的增长，这是其他采用所谓现代营销模式的空调厂家所难以企及的。

最有力的证明是：2007年格力在上海的销售利润仅为100万元人民币，随后，董明珠在2008年力促专卖店的发展，仅第一季度就将销售额提高了近100％。

……

就在董明珠带着格力一骑绝尘的时候，国美等大卖场的扩张仍在继续，家电大卖场产业集中度进一步加大，行业巨头话语权变得更强。

2006年家电连锁的销量约占全国家电总销量的30％，2008年底这个比例上升到45％。至2008年6月，国美、苏宁等家电连锁企业已占据一、二线市场份额的70％，基本控制了除百货商场、超市外最主要的销售渠道，这显然使得他们在与家电企业谈判时底气更足，拥有了更多的话语权。

此外，大卖场巨头利用上市融资等手段募集了充裕的资金，加速门店扩张的同时还开始注意品牌建设和客户关系的提升，这在某种程度上也制约了格力等品牌制造商的谈判力量。

2006 年 7 月，国美以 52.68 亿港元收购永乐，这是家电连锁行业迄今为止最大的并购案。一贯跋扈的国美在与永乐合并、托管大中之后年销售额达 800 亿元，在北京和上海两大主要城市的门店数量均超过 100 家，成为国内当之无愧的家电巨无霸，其行事也更加果断和凌厉。

董明珠曾在北京密会大中电器总裁张大中，敲定 2007 年大中电器最低包揽格力空调在北京 50% 的销量，这个计划由于大中易手而不了了之。

与此同时，苏宁连锁的发展也在提速。

2006 年 5 月 1 日，全国 32 家苏宁新店同时开业，创下中国家电连锁业一日开店最多的记录。

同年，空调产品原材料特别是使用最多的铜材价格暴涨，导致空调的生产成本出现大幅度上涨，这一方面使空调企业面临新的压力，但是又为空调借机涨价带来了良机，出现了近年来罕见的空调企业一致提价的现象。各个空调企业纷纷宣布上调空调零售价格，一度上涨 10%～15%。

就在空调企业自以为成功的时候，国美、苏宁等大卖场对空调企业的涨价通知书却视而不见，他们手握大批已经采购到手的空调库存，完全没有理会生产企业的涨价要求。这样一来，空调产品的涨价与否迅速演变成为空调企业与家电连锁巨头之间的又一次角力。

国美的空调货源囤积非常充足，约占当年空调市场总采购量的 50% 以上。接到涨价通知后国美的反应是对外高调宣布，把所囤积的 100 万台空调全部投放市场，在全国市场 550 多个国美卖场统一降价，并在现有零售价格基础上全线下调 15%～20%。北京国美当着 20 余家空调厂商负责人的面宣布，将从 6 月起以"一个月不赚钱"为代价将京城空调的最低价格下拉近一半。在此强势打压下，7 月份，空调产品价格开始回落。

......

尽管董明珠的格力和黄光裕的国美在各自的道路上越走越远，却仍然不可避免地在某些方面产生交集。

从 2005 年起，各地陆续有国美分公司与格力销售公司合作，但动静不大。

2007 年 3 月，广州国美与广州格力签订了一份价值 2 亿元的空调采购大单，宣布即日起格力空调将在广州国美旗下 33 个门店全面铺货销售。

一时间，很多人认为格力与国美长达 3 年的冷战就此结束。

董明珠对此表示了不同的意见，她说：那仅属于区域性合作，而非双方总部的意向。

是的，只要格力和国美的基本模式分歧还在，就难以真正地达成全面合作。

对比董明珠的格力模式和各渠道商的模式，从市场角度可以发现一些很明显的不同。

中国家电市场差不多有 5000 亿元的规模，其中一、二级市场占 53%，三、四级市场占 47%。三、四级市场是国美、苏宁目前势力范围尚无法达到的，且这些市场还有较大需求量。因此，只要国美、苏宁一天不进入三、四级市场，格力模式就能存在一天。一旦他们直接进入，与格力的短兵相接就是不可避免的。

而格力在脱离国美等主流大卖场后，在北京、上海等一线城市的表现并不尽如人意，在上海，格力家用空调的销售额经常在 10 名之外，在北方的市场占有率也不如南方，远低于海尔和美的。

格力如果要考虑长远的发展战略，恐怕还是要和渠道商、大卖场重新携手。

对此，董明珠有着自己的看法，她认为：厂家和大卖场之间并非不可调和，理想的状态是双方建立起一种共赢的关系，然后相互尊重，利益均等，遵守市场规则，既不能店大欺厂，也不能厂大欺店，更不能把降价带来的损失让厂家来埋单。

苏宁电器总裁张近东也赞同董明珠的观点，他表示：厂商间合作是主流，直供是趋势。厂商之间在合作中不可避免地会产生分歧、冲突，但总的来说，合作是主流，企业在选择供应厂商时，不仅要看利益，更要看双方价值观是否相投；不仅要看眼前利益，更要看长远利益。流通企业不应轻易选择一个供应商，更不应轻易舍弃一个供应商。

其实从理论上来说，制造商和渠道商之间本来就不该是对立的，由于分属商业链条的不同段，合作性原本就该大于竞争性。在这点上，发展了上百年的西方企业显得更加成熟一些。

比如西方的宝洁公司和沃尔玛，这是两家世界级的大公司，一家属于生产商，一家则是渠道商，两者之间有着密切的业务往来。沃尔玛需要宝洁的品牌，而宝洁需要沃尔玛的顾客。20世纪80年代，双方为了争夺产品的销售价格和交易条件的控制，曾经针锋相对。后来，双方为了将来的发展，建立了战略性合作关系，并设立了"共享信息、共同研发"的高效消费者需求响应系统，通过合作，两者均实现了利润的大幅增长，达到了双赢的效果。

当然，中国的国情毕竟不同，国外的商业竞争一般是有度的，其价格体系稳定。相比较之下，国内往往倾向于无底限的价格竞争，缺乏有效的管理。如此一来，董明珠所倡导的专卖店模式虽然一次性投入较高，但至少有利于价格体系的稳定。

客观地说，董明珠大力推行的空调专卖店的开店模式对格力空调在短时间内扩大规模功不可没，但这并不是没有问题的：由于格力专卖店一直处于快速扩张中，扩张太快自然带来了这样那样的问题。

比如有些资质不足的经销商假冒格力的牌子在市场上"窜货"。北京就发生过这样的事，某经销商冒用格力专卖店名义，老板涉嫌携款潜逃，多名交过预付款的消费者因此提货无门。

又比如有的格力经销商为完成总部的销售任务，一味扩大门店规模，而在专卖店的选址、店面面积和店面形象等方面敷衍了事。像北京市场上有些格力专卖店甚至只有 20 平方米大小，极大地影响了格力的终端形象。

当然，即使有着各种问题，董明珠的专卖店营销模式仍然是成功的。这种成功体现在每年近 20％以上产销量的增长；体现在营销领域内独树一帜的渠道管理与组织模式。

这种以资产为纽带、以格力品牌为旗帜的区域股份制销售公司，从体制上重新确立的厂商关系，实现了市场的有序和规范，从而打破了沿袭多年的"受控式代理制"对空调销售的垄断性思维，开辟了一条家电销售的全新渠道管理模式。

而创造了这一独特模式的董明珠也完全不在意外界的质疑和反对，她只坚持走自己的路，正如她曾经所说的：我永远是对的！

第九章 勇于说"不"

不是为了否定而否定，否定的最终指向，是求出一个更优的解……

与政府"死磕"？

> 斗争的目的是解决问题，看似激烈的对
> 抗，实际是推动事情发展的要素……

在董明珠的身上，斗争一直是她的特质，不仅是强势的渠道商，就算是政府，只要做得事情不在理，董明珠也会毫不退缩地"斗上一斗"。

典型的便是一次投标事件中，董明珠表现出的完全不妥协的坚韧。

此次事件发生在 2008 年，当时广州市政府采购中心发起了一次投标，广州格力以 1707 万元的出价成为"中标候选供应商"，但最后的结果却是报价 2151 万元的广东省石油化工建设集团公司获得了项目。

按常理来说，在资质相差不大的情况下，应该是开价低的中标，但此次投标会却完全无视了这点，格力和广石化的报价相差了整整 400 多万元，反而是价高者胜，这不得不让人揣摩其中的猫腻。

依董明珠的性子，自是不愿这样不明不白地咽下这口气，于是，在她的指示下，广州格力向广州财政局投诉，要求对投标进行审查。

要求很合理，但是结果却让人皱眉，广州格力的投诉竟连续两次被驳回。理由是：采购方认为，格力空调的投标文件"不符合招标文件中有星号标记的内容"，不应中标。

这个理由完全就是在睁着眼睛说瞎话了，董明珠对这个回复很不满意，在她看来，格力产品仅仅因为一个文字错误就被判定没有满足招标条件是十分不合理的，因为递上的标书是已经审阅过的，如果有错，也是审阅者没有仔细审查的错。

而且，按照《政府采购法》的规定，当事方觉得不满意时可以一级级去申诉，但是，在广州格力按规定走司法程序的时候，对方却已经自行安装了所谓的"中标产品"。

董明珠对此感到十分愤怒，觉得事情不能这么算了，必须做出更加强硬的应对才行，即使对方是政府部门！

于是，广州格力一纸诉状，将维持番禺区财政局处理决定的广州市财政局告上了法庭。

当然，董明珠也知道，即使官司最后打出了结果，那个投标工程实际上已经和格力无关了。不过她并不觉得打官司是没有意义的，她公开表示：这次诉讼是要为国家讨回400万元。

在后续的调查中，一些细节逐渐暴露出来，比如格力和广石化之间400多万元的差价，贵就贵在售后服务上，格力3年维修费的报价是4万元，而广石化的报价则是400万元。这么大一笔钱甚至能再购买15000平方米的冷冻设备。

董明珠十分不忿地说道：对方等于是用400万元的价格支持1700万的设备，维修费达到了25%，这是非常可怕的一个数字。而若是格力来做的话，3年4万元的维修费完全可以做到，超过这个价格就是不合理！

此后，格力与广州财政局的官司打得如火如荼，引起了各方的广泛关注。

对于此次事件被放到了聚光灯下，董明珠一点儿也不在意，在她看来：正是因为政府采购的负面消息太多，否则，事件不会引起这么大的震动。

董明珠淡然地描述这次事件的反响，说：这实际是一种共鸣，虽然不是所有的都是那样的，但这样的事情，以后也许还可能发生。我们希望通过申诉，得到公正的说法，或者能够真的因为这件事推动我们政府采购的环境更加趋于公平化，这便是它真正的意义。

董明珠的话事实上代表了一种非常纯粹的态度，那就是每个人都要有一个宽容的心态，同时也要有一个认真较劲的心态，损害国家利益的事情是不应该允许发生的。

当然，在引发社会强烈关注的同时，一些"负面消息"也不时地冒出来，对格力和董明珠做出各种中伤。

针对一系列所谓的"负面炒作"，董明珠毫不示弱，明确提出：其背后都是一家公司在操纵，属于行业间的不正当竞争！

事件随后继续发酵，天河区法院驳回了格力的诉讼。

而在董明珠执拗的推动下，格力提出了上诉。

……

纵观整个事件，无论就争议的事实和标的还是"操作手法"，在各地政府采购的诸多案件中，不过是一起毫不起眼的普通招标事件而已。但是，如果将其作为扭转政府采购中种种不透明的里程碑事件来考量的话，其价值就不容小觑了。

事件的焦点，无疑便在双方看问题的分歧上。董明珠坚持认为自身拥有巨大价格优势，不选格力明显是黑箱操作，并在广东的两会上公开"质疑"，称某些政府采购"只选贵的不选对的"，是在浪费纳税人的钱。

而广州市财政局高调回应说：格力对招标文件星号条款没有实质性响应，格力的招标文件从形式上并不符合招标邀请，从程序而言，格力出局合法合规。

作为当事人的格力和广州市财政局，对于各自的主张都有十足的证据，一个坚持价格优势，一个强调"程序正义"，但无论如何，对于一个公开的招标程序而言，透明和公正是根本性的价值选择。

所以，对于此次事件，评判其是非曲直的关键就在于考察程序是否公正和透明。

应该说，这个事件争议到后来，许多细节都已经非常明白，公众大多都在心中有了自己的评判和倾向，但遗憾的是，广州市财政局态度始终强硬，对于格力质疑的程序问题，也没有给出一个满意的回答和交代，特别是在政府招标"程序公正"的解释上，广州市财政局更是有"强词夺理"的嫌疑。

通观各国的政府采购制度，初衷无非两点：一是杜绝政府采购行为中的腐败；二是通过招投标，以较低的价格获取服务，为纳税人节省资费。

中国的政府采购制度建立于 2003 年，在具体的操作程序上，一直缺乏一个可以确保公正与透明的操作性的制度细则，于是在政府采购中形成了一个由采购方、专家、代理机构、公关公司围绕政府采购的招投标的庞大利益寻租链条。

在巨大的利益链条面前，国家设立的为确保政府采购公正的种种制度设计很容易就形同虚设。现实中存在的潜规则已经严重损害了政府采购招投标的公信力，导致民众对于很多政府采购项目都抱有怀疑态度。

基于这种种现象和理由，董明珠进一步对此次政府采购提出不信任的怀疑。

广州市财政局则回应：此次政府采购评标专家库约有 3200 人，主要通过个人推荐和单位推荐的方式形成，每个专业小组最少不少于 50 人，当有评标项目的时候，通过电脑随机选取。在整个过程中，他们没有任何"瑕疵"。

然而，不管广州市财政局拿出多少理由，依然没有为中标者比格力贵440 多万元这个事实做出任何合理的解释。

事实上，广州市财政局很明显犯了形式主义的错误：程序正义不是一个僵硬的形式，不能因为文件中的一个标点符号，或者一些微不足道的瑕疵，就让本来可以确保公共利益的投标者出局。换句话说，没有实质正义，所谓的程序正义就是无源之水。

……

之后，董明珠在参加全国"两会"的期间，只带了三个议案：建立节能惠民工程长效机制、调整个税促进社会公平扩大内需、发挥企业责任建立多层次住房保障体系。其中并没有关于投标事件的只言片语。

很多记者纷纷向董明珠提问：为何不在会议上公开提出有关此事件的议题？

董明珠回答说：你们可能觉得我是在叫板政府，实际并非如此。这次不需要我提，很多人都会提，因为这并不是格力电器独有的遭遇，而且我也并不是为格力喊冤。我们格力之所以抓着不放，抛开为自身讨说法外，从社会的角度来说，是要为政府讨回损失，是在促进政府采购更加阳光。

事件再往后发展，当事双方终究没有能够达成理想的和解。

令人欣慰的是，2月26日，广东率先出台了中国首部地方性政府采购法规——《广东省实施〈中华人民共和国政府采购法〉办法》，并于3月1日开始实施。其中规定：对政府采购有异议可申请废标。

很显然，这种制度上的进步是对董明珠执着的斗争的最好回应。

从事件的开始到结束，董明珠可以说在很短的时间内向两个重要领域的"潜规则"发起了挑战：一个是一直以来饱受诟病的政府采购领域，一个是激烈的家电行业的竞争领域。

基于此，董明珠显然是正在逐步从一位单纯的企业家向一个公共意见领袖转型。这种由企业责任感上升到社会责任感的进步，很多时候都是推动社会观念进步的一种重要的正面力量，西方发达国家莫不如是。

商标之争

人怕出名猪怕壮，当一切似乎正走向更好之时，觊觎的目光也随之而来……

在董明珠的带领下，格力电器的发展越发欣欣向荣。

然而，世界毕竟充满各类变数，做好自己并不意味着不会遇到麻烦，有时候，事情也会主动找上门来。

在格力征战的岁月里，董明珠一直所关注的主要是外部的市场问题，但是从 2003 年到 2005 年，格力电器的改制风波成为了董明珠进入格力以来经历最大的一场风波。这场风波使得格力的前途一度陷入灰暗，甚至还将珠海市政府、外部媒体、外部投资者等诸多方面牵涉其中。

此事需要从头说起。

外人说起格力，一般人只会想到格力空调的生产者，即上市公司格力电器。事实上，格力电器在资产上是隶属于珠海市国有企业集团格力集团的。

格力集团的前身珠海特区经济发展总公司成立于 1985 年，受珠海市政府授权经营，作为国有资产授权经营主体，肩负着确保国有资产保值增值的使命，是一家带有强烈行政特色的国有企业集团，其旗下拥有两个驰名商标：其中之一便是格力空调。

用格力集团的观点来看，格力电器作为其旗下的子公司，其诞生和发展自然与集团的支持分不开。

20 世纪 90 年代初，格力集团为了支持格力电器的发展，不惜停掉一些项目，集中资金力保空调项目。1996 年，在集团公司的多方努力和积极奔走下，格力电器股份有限公司正式上市，从此迎来了大发展的时期。

此后，格力集团一直掌握着格力电器 58.66% 的股权，是毫无疑问的第一大股东，拥有格力品牌重大决策及人事任免权。

尽管与格力集团有着这样千丝万缕的牵绊，格力电器却并非集团的附庸，它一直有着自己的立场。

格力电器作为格力集团的支柱和旗舰企业，在多年的经营中形成了自己独特的管理模式和文化，积累了雄厚的人脉和资金实力。2002 年，格力电器创造了 210 亿元的工业产值，占了格力集团总产值的 90% 以上。

2003 年，格力电器成为珠海最大的支柱性工业企业，当年其工业总产值占珠海市工业总产值的 1/3，吸纳就业 1.5 万多人；在竞争激烈的中国空调行业连续 9 年保持销售冠军，当年销售空调 516 万台，销售收入超过 100 亿元。

可以说，格力电器靠着自身的闯劲儿，在市场上走出了自己的道路，所以，在有些问题上，格力电器和集团公司并不站在一起。

早期，格力电器还不出名的时候，作为格力集团的子公司，只能无偿将自创的"格力"商标交给集团使用，当时其他子公司并不愿意使用这个商标，仍旧使用自己原来的商标。

后来，董明珠加入格力电器，一步步地成长为公司的掌舵者，而格力电器也在这一时期开始飞跃，格力商标迅速成为了市场上的驰名商标。当初不愿意使用这一商标的集团子公司开始对"格力"这个招牌趋之若鹜。

作为格力电器的经营者，董明珠认为自己不仅代表大股东格力集团的利益，还要代表格力电器中小股东的利益，所以对集团下的一些指令置之不理。

在早年格力电器业务如日中天的情况下，格力集团还能忍受这种不敬，两者基本相安无事。但是好景不长，因为集团内部存在和发生的一系列管理问题，格力集团与格力电器之间的矛盾很快开始激化。

格力集团方面多次以支持兄弟企业发展为名要求格力电器提供资金支持，甚至将存款存入虚空的格力集团财务公司中。这一无理要求自然遭到董明珠和朱江洪等格力电器高层的拒绝。

2003 年 5 月，格力集团重组成立格力集团财务有限责任公司，要求旗下子公司出资。当时格力电器拥有近 20 亿元现金，集团希望这些现金通过财务公司来保管，最少要出资 5 亿元。

关于财务公司的问题，董明珠认为，由于集团经营状况存在隐患，财务公司就必然存在一定风险；同时，根据证监发 2001 年第 72 号文件，上市公司要保证财务独立，不允许与控制人共用银行账户。

由此，格力集团的愿望没有实现。

矛盾在类似的各种事件中逐渐积累着。

不久，格力集团抓住格力电器两年前被查出用于支付经销商奖励的账户问题大做文章，指责格力电器涉嫌侵吞国有资产，后因未查出个人问题而平息。

2003 年，格力电器与母公司格力集团长期积累的矛盾终于爆发，上下级的体制矛盾被公开化了。同年，格力集团将"格力"品牌租借给中山两家小家电企业，由此，市场上出现了两个"格力"的商标。

董明珠对这一做法表示了强烈的反对，认为小家电品牌会对格力空调的品牌形象造成不良影响。

格力集团在"集团多元化、子公司专业化"的战略思想指导下，控股或者全资拥有了 60 多家子公司，除了较为知名的珠海格力电器股份、珠海凌达压缩机、珠海格力罗西尼表业等，还有珠海格力电工、珠海格力磁电、珠海格力小家电、顺德格力小家电、珠海格力新元电子元件厂、珠海格力电工、珠海格力磁电、珠海格力热工科技等,而这些公司都使用的是"格力"品牌。其中,光是小家电公司就有 3 家,包括珠海格力小家电有限公司、顺德格力小家电有限公司、中山格力小家电有限公司,主要生产"格力"牌电风扇、电暖器、电火锅、电饭煲、电磁炉、饮水机、电水壶等小家电系列产品。

三家小家电公司生产设备简陋,并没有核心技术,几乎所有的零部件都是外购的,质量难以保证。而格力集团除了每年收取一笔品牌使用费外,在生产、经营、财务等方面均不参与,也缺乏监管。

对于集团的做法,董明珠也很无奈,为了自身品牌着想,打算以格力电器为主体收购珠海格力小家电有限公司。

考察人员很快就到小家电有限公司进行了前期审计调查,然而却发现这家声称盈利的公司实际上竟然亏损几千万元,收购计划只能搁浅。

此后,格力小家电公司或明或暗地借用格力空调在消费者心目中的良好品牌形象为其推销产品,在宣传材料上经常使用"以生产专业家电而闻名的格力电器,宣布进军厨具市场"和"格力电器进军小家电、厨具市场"等字眼,这种做法正如董明珠所料,严重影响了格力空调的专业化形象。

在维修率上,格力小家电的声誉也不是很好。2002 年,格力小家电的电风扇总返修率为 6.4%,电暖器总返修率为 6.2%;2003 年,电风扇总返修率为 6.2%,电暖器总返修率为 6.0%。实际的返修率很可能更高。

由于都使用"格力",很容易使社会公众产生误解。很多消费者有只认商标,不看生产厂家的消费习惯,因此误认为这些小家电产品是格力电器生产的,坏了就找格力电器总部或其在各地的空调销售服务网点要求解决,从而引发了一系列的纠纷,给格力电器带来了不应有的麻烦及负面影响,严重干扰了格力电器正常的经营秩序,并影响到格力空调的品牌形象和声誉。

2003 年 10 月 28 日,某些媒体做出了"格力建成三个小家电基地"的报道,主要内容为"格力进军厨具市场,5 年后达 15 亿生产规模",这样一篇文章自然引发了格力电器的强烈反应。

11月4日，董明珠向国内部分媒体发布"严正声明"：近期某些媒体发表的"格力电器进军小家电、厨具市场"等报道内容纯属虚构、捏造，毫无根据，已严重误导了广大投资者和消费者。

董明珠同时公开强调：格力作为上市公司是国内最大的专业化生产空调系列产品企业，目前只生产空调产品，不生产任何小家电产品；"格力"商标作为驰名商标仅指本公司生产的空调类产品；任何公司借用"格力电器"及"格力空调"的品牌和良好形象来宣传自己的行为都是违法行为。

在格力电器发布声明的第二天，格力小家电拉上了格力集团一起对格力电器进行反击。格力小家电向全国20多家媒体及各地经销商出示了格力集团签署的《"格力"商标授权使用说明》，指出格力电器以及格力小家电均为集团授权经营的家电产品专业子公司，所以，其使用"格力"字号和商标是合法的。

11月11日，一些媒体整版刊登了名为"奋进中的珠海格力集团"一文，称格力集团授权珠海格力小家电有限公司使用格力商标。全国的媒体和网站也纷纷刊登针对此事的评论文章，最多的一天有三十几篇攻击格力电器的文章出现，其步调十分一致。

董明珠和格力电器的领导层起初很是意外，但后来就习以为常了，因为几个月后与国美交恶时媒体的表现也是如此。

同时，关于格力电器建账外账、设立小金库、烧账本的传言到处流传。珠海的纪检、工商等部门也进驻格力电器进行调查。

很显然，这是格力集团某些人的盘外招，就是想把朱江洪和董明珠赶出格力。

董明珠对此毫不示弱，她大胆对媒体声称：集团一些做法就是想掏空上市公司、利用上市公司滋养腐败。

随后，董明珠痛声疾呼：无论是企业还是个人都要敢于揭短，敢于正视自己的问题，敢于把自己的丑陋、错误暴露给别人，让别人来帮助自己。在总结经验的过程当中，不要互相指责。格力集团长期运作不规范，出事是迟早的事儿。

传言和诋毁袭来的时候，正是格力电器第四期工程竣工准备剪彩典礼的时候，也是格力电器为其未来的增长布局的关键时候。就是这样，朱江洪和董明珠往往是每天早上看完一厚叠媒体的"报道"，下午还要面带笑容去出席公司扩建工程的奠基仪式。去外地出差还得匆忙赶回珠海配合有关方面反复的"谈话""调查"。

朱江洪和董明珠都是很有责任感的人，总感觉企业没有道理做不好。虽然这个企业不是自己的，他们也是打工的，但完全把格力看作自己的企业，像对自己的孩子一样地来爱护、培育格力，使格力不断成长。以他们的性格，要么不做，要做就做好。更因为他们非常清楚国企的复杂，越是复杂，就一定不能违规。

后来，集团派人来见朱江洪，开出了条件：自动退休，退休以后拿5年的年薪，每年200万共计1000万。如果不退的话，就召开股东大会罢免他。

对于董明珠，集团则是重点拉拢，开出的条件是：朱江洪走后，董事长、总经理任她选。

得知了最后通牒的内容，董明珠对朱江洪说：虽然这个人不懂企业，也不懂管理，但是我觉得他还是认可你的。

朱江洪一笑，说：他给我钱我也不敢拿，也不能拿，这不合法。

朱江洪的心态是：无所谓，不让做就不做，不做不是我个人的损失，是企业的损失、政府的损失。

关键时候，董明珠的斗志和能力爆发出来。她对朱江洪表示：这不是你做不做的问题，是对与错的问题。集团被那些人搞得亏了几十个亿，要是他们来做格力电器，企业很快就会断送掉，这损害了国家利益。一定要坚持，就算不做也得有一个说法。

之后，事情变得更加恶化，格力集团董事长徐荣打算在 2003 年 5 月 23 日召开格力电器换届股东大会，罢免朱江洪的格力电器董事长职务。

就在会议召开的前一天，董明珠获悉了内情，立刻动身去找了分管工业的市委书记，力陈利害关系。

珠海市政府总算分清了其中的利害关系，当天深夜就做出了决定：不准徐荣参加第二天的股东大会，让他写下委托书委托他人参加。

2004 年 1 月，徐荣被迫去职。

事件至此终于告一段落。

斗争来的合作

> 地位平等才有合作基础，而平等的地位
> 不会凭空而来，必须斗，主动争，展示自己
> 的力量，证明自己拥有平等的资格……

在中国，99% 的家电企业都有与外资合资的背景，以便将别人的技术转化为自己的产品。格力也曾经持同样的观点。所以在 20 世纪 90 年代，董明珠也曾赶赴日本，希望以最简单的购买方式，直接从日企手中换取核心技术，以便在国内的竞争中赢得主动。

不过日本人拒绝了格力，并振振有词地说：这种技术我们是不会卖的，因为它现在是世界上最先进的技术。

日本人的话点醒了董明珠，并让她真正意识到：跟外资合作无非是别人将即将淘汰的技术给你，而他们会用更新的产品、更新的技术与你竞争，而且还能用这些淘汰技术获得另外的收益。

只有走中国创造之路，才能有中国制造的天下！

回国之后，董明珠与朱江洪一起，大力推动空调的自主研发，为此，格力付出了 10 年的时间。

2009 年，格力反过来再次与日本企业大金空调合作，成立了一个合资公司，这一次，双方站在了一个完全平等的地位上，并且改变了过去简单购买别人技术的合作方式。

合资公司以技术攻关为主业，格力出资 5.1 亿元实现控股，对方出资 4.9 亿元，然后共同研发、共同享用这家公司所产出的科技成果。

董明珠自豪地表示：目前大金 8P 以下除了中国市场的空调产品都是由格力生产的，这也帮助格力撬开了最难撼动的日本市场的大门。

当然，合作期间也并非一帆风顺。

合资公司成立后，格力与日本大金空调在控股权上展开了激烈的争夺，当时，董明珠要求格力必须控股，但大金方面坚决不同意。

董明珠随后亲自飞赴日本，直接要求见大金的社长。

见面之后，董明珠来了个先礼后兵，先表示来拜会社长，赞赏大金公司历史悠久、讲诚信、和格力的文化相同。接着话锋一转，要求格力必须在合资公司中控股，还必须当天拍板。说得激动之下，甚至把办公室的台子都拍坏了。

最终，大金社长同意了董明珠的要求，并连称董明珠"太厉害"。

……

如今，很多人耳熟能详的"格力掌握核心科技"这句话，在格力内部也经历了几个阶段。

最早的是"8 年不回头"，意思就是自己的产品 8 年都不会出问题；后来格力又推出了"6 年免费服务"，强调"没有售后服务的服务才是最好的服务"，这相当于把自己逼到了墙角。

董明珠对此意气风发地表示：工业精神就是要精益求精！

2009 年 2 月 18 日，格力电器与大金工业株式会社在珠海举行盛大的全球战略合作发布会。

根据协议，格力电器和日本大金将在精密模具、变频压缩机等一系列合作项目方面进一步展开全面合作，实现在空调尖端技术开发方面的合作升级，从而推动高效节能的变频技术在中国的应用和发展。

不同于以往国内其他空调企业单纯引进日本技术的合作方式，这是世界顶级空调厂家第一次在产品设计和零件开发阶段选择与中国企业开展强强合作，在中国空调业具有里程碑式的意义。

可以说，这是斗争得来的结果。

格力电器多年来积淀了深厚的技术研发实力，拥有严密而值得信赖的质保体系、庞大的生产规模和国际市场话语权，并掌握变频空调的核心技术，而大金也堪称日本空调行业的杰出代表，拥有卓越的节能技术，并在世界范围内积极推进环保事业的企业。两个企业强强联合，优势互补，很显然将会大大提升二者的国际竞争力。

在发布会上，双方就大金委托格力生产面向日本市场的变频家用空调，在珠海合资建立生产变频压缩机、电控器的工厂和制造精密模具的工厂，联合采购空调的原材料、零部件，以及联合开发面向全球市场的更加节能环保的新型变频家用空调的四个项目达成了共同意向，这些项目构成了双方的合作版图。此次合资成立的压缩机电控器厂、精密模具厂投资额总计达 9.1 亿元人民币，均由格力电器控股。此次强强联手将融合二者的技术研发实力、原材料采购和生产规模优势，爆发出更加强大的聚合效应。

作为世界上最大的家用空调专业制造商，格力电器是目前集生产、研发、销售于一体的跨国企业，自 2005 年起连续四年在家用空调产销量榜雄踞世界第一，自主品牌"格力"空调远销全球 90 多个国家和地区，深受国内外消费者的喜爱，是中国空调行业唯一的"世界名牌"。

而大金工业株式会社成立于 1924 年，历史悠久，是世界顶级的集空调、冷媒以及压缩机的研发、生产和销售于一体的专业化空调企业，在竞争激烈的日本空调市场占有率一直保持第一，尤其以领先世界的变频和多联机等多项技术而著称。近年来，大金积极推进全球化经营，其海外事业的比率已占到集团整体的 64%，并以中国、欧洲、美国等市场为中心，凭借能对应环境需求的技术实力，力争成为环保先进的全球化企业。

双方企业在签约仪式上表示，格力电器和大金都是国际一流的专业化空调制造商，都具有雄厚的技术实力和规模优势。双方在空调核心技术方面开展合作，将为全球消费者提供更环保、更节能的专业产品，推进变频技术在世界范围内的普及和升级，为开启亚洲乃至全球的空调节能新时代贡献力量。

由于地球环境已成为全球关注的重大问题，此次格力与日本大金在变频节能技术领域联手开发高效、节能环保的空调，就是想用实际行动响应和支持中国的节能减排政策，从而为地球环境保护做出切实的贡献，这也意味着将开启更为广阔的市场发展空间。

第十章　身在传统，拥抱未来

　　毫无疑问，世界已经发生了巨大的变化，传统营销模式举步维艰，互联网营销模式方兴未艾。面对此情此景，没有谁能够置身事外，唯有主动去迎接……

新时代的挑战

> 互联时代，传统制造商纷纷寻找出
路……

格力电器自董明珠掌舵以后，以可见的速度快速发展着，几乎每年都要上一个台阶。

2009 年，格力的营业收入达到 424.58 亿元，净利润 29.32 亿元。其中净利润比上年同期增长 47.18%。

2010 年，格力电器营业收入达到了 835.17 亿元，同比增长 37.35%；归属上市公司股东的净利润为 52.37 亿元，同比增长 22.48%。

2012 年，格力营业收入突破 1000 亿元大关。

2014 年，格力营业收入完成 1400 亿元计划。

……

如此飞速的发展速度，董明珠这位"领航者"功不可没。然而时代在变化，社会在进步，互联网大潮在不知不觉中兴起。消费主体的年轻化，家电产品的智能化成为新时期格力需要面临的挑战。

2013 年，在中央电视台"2013 中国经济年度人物评选"上，互联网时代新兴企业小米的掌舵者雷军玩笑般地向格力发起赌约：如果小米 5 年内营业额无法超过格力，就输给董明珠 1 块钱。而董明珠则毫不示弱，说：要赌就赌 10 亿！很显然，抛开表面的赌约，这实际也可以看成是新兴互联网模式下崛起的企业向传统制造企业发起的一次"挑战"。

而这个 10 亿的赌局看起来好像是董明珠冲动下的产物，但其实她十分清醒，她在台下说：我查了很多资料，大家都在讲传统模式和互联网时代的冲突，其实互联网不属于任何一个人，它属于所有有思想的人。任何时候一定要有自己的产品、技术和优质的服务才能赢得市场，否则连自己都赢不了还能赢谁呢？可以看出，董明珠是在以其特有的斗争态度和冷静思考对待挑战的。

但这仅仅只是一个开始，互联网掀起的大潮越发地蓬勃发展，越来越多的企业被卷入其中，不得不做出改变。

2014 年，格力的主要竞争对手美的和小米联合发布公告，宣布达成战略合作。小米科技以 12.66 亿元入股美的集团，而美的集团则以每股 23.01 的价格向小米科技定向增发 5500 万股。发行完成后，小米持有美的集团股份的 1.29%，小米一位核心高管成为美的集团董事。

这一消息显示，面对新时代新形势，传统制造企业开始尝试转型，并与新兴互联网企业合作，互相取长补短。就像此次合作中，小米将帮助美的强攻智能家居的技术难点，解决智能时代的技术瓶颈；而美的也将为不擅长资产运营的小米"增重"，弥补其物流方面的短板。对此，董明珠并不以为然，公开宣称：小米和美的的联合不过是两个骗子的结合。

当然，董明珠或许是轻视两位对手的能力，但是却并非对新时期新挑战的轻视，对于被炒得火热的互联网概念，她有着自己的理解，她说：如今讲互联网时代已经有不短时间了，我觉得大家把互联网神化了，觉得做什么事都必须跟互联网有关，如果没了互联网，说不定就是死路一条。其实互联网只不过是时代的升级，或者新时代生活方式的一种变化罢了，不必将其视为全部。

董明珠以从前的例子来进一步解释她的看法：很多年前，家乡刚开始时兴装电话的时候，我家没有电话，十分羡慕隔壁人家有电话。为什么呢？如果我找一个人得跑过去或者坐车，人家有电话，在家里就可以告诉对方他想干什么，这就是提高了我们工作与生活的效率和速度。当下的互联网时代和那个时候很像，也是一个新时期，同样是提高了我们工作与生活的速度和效率，给我们带来了更好的工具。

对于小米雷军所说的要超越格力的宣言，董明珠亦给出了毫不退让的回应：雷军在浙江一个会上面讲，说他们小米已经有了 800 亿的营业收入，很快就可以超过格力。但是，超过了格力又有什么呢？有本事在手机行业超过所有人。我一个做空调的，你跟我比什么？

事实上，在当时的会场，董明珠就曾当众问过雷军一句话：5 年以后你也许会超过格力，但是我觉得一个真正有价值的企业，不是收入上的多少，更重要的是企业的内涵，你创造了什么，你改变了什么，这才是一个真正伟大的企业。

是的，在董明珠看来，企业在发展过程当中，一定不能浮躁，不能只看到 3 米以内的距离，一个企业考量自己的时候，不仅要考量自己赚了多少钱。还要考量自身的技术，还包括诚信。一个企业绝对不能靠忽悠别人来赚钱，或者用一个简单的概念去赢得一个短暂的市场。

对于传统制造企业来说，新时期的挑战并不仅仅来自于互联网，也来自于自身升级的困难。有人曾问董明珠，为什么中国制造在国际上总是被视为低端？

对此，董明珠回答：无非是两个原因，一是国际社会对我们不公平，二是我们自己导致别人对我们不公。人家买了中国的皮鞋，一个星期就坏了，别人就会想，连皮鞋都是一个星期就坏了，别的东西还能做得好吗？肯定不行。所以带来了很多的负面的效应，久而久之，中国制造就成了低价低质的代名词。

董明珠有理由对制造业做出评价，底气来自于格力自身过硬的科研力量。据统计，格力一年投入研发的经费就超过了 40 亿，拥有 6 个研究院，接近 8000 个技术开发人员，其申请的专利，在中国所有的制造业领域当中排名第四位。

有着这样雄厚的技术实力，面对互联网时代大潮的挑战，董明珠信心十足，她总结说：我并不怕互联网时代，因为我们格力有这么多创新的人。很多人把格力锁定为传统行业，不看好我们。但是，我们恰恰要把互联网用足用好。

与谁合作

> 面对大潮，再强势的企业也必须做出改
> 变，因此合作不可避免……

在其他企业紧赶慢赶着拥抱互联网之际，格力仍然不慌不忙地走自己的经销商道路，仿佛在转变上有些迟钝一般。

甚至于2014年12月24日，格力集团还召开了一次全国经销商大会。

在大会上，董明珠详细讲解了格力未来的战略布局，其中暂时并没有涉及互联网方面的内容，只是宣称将坚决以价格战"清场"，还对目前外界最关注格力的几个促销活动予以解释，表示要把市场上的一些假冒伪劣、偷工减料的品牌全部消灭掉。

会后，格力就在很多门店对一些机型进行了降价促销，此举被外界解读为"格力发起的第三波价格大战"。

另外，在经销商大会上，董明珠还毫不客气地点评了海尔、美的、TCL、志高、海信科龙、奥克斯等竞争对手，说美的空调"一晚一度电是虚假宣传"、海信科龙已垮、志高没有出息。

该言论犹如重磅炸弹一样引起了业界巨大反响，批评董明珠操守的文章不断涌现，竞争对手各种形式的调侃也接二连三地出炉。

一瞬间，外界对董明珠的称呼也从"女汉子""霸道总裁"，变成了"阿姨""大姐""董小姐"。

2014 年 12 月 29 日，口水战进一步升级，董明珠所点名的几家企业颇有"围剿"格力的意味，相关优惠活动也正式启动，美的、海尔等六大品牌在苏宁门店均降价促销，且价格下降幅度均在几百元左右。

就在一阵混乱的对战中，格力从 2014 年走到了 2015 年。

虽然格力处于风口浪尖，但其在 2014 年依然完成了 1400 亿元营业收入的任务。

2015 年 1 月 9 日，格力"基于掌握核心科技的自主创新工程体系建设"项目荣膺国家科技进步奖"企业技术创新工程类"二等奖。来北京领奖的董明珠在见面会上被媒体连珠发问，其间也自然而然地聊起了媒体对她的各种称呼等热门话题。

董明珠笑着自嘲说：看媒体上，让你感觉董明珠好像老虎一样，其实称呼是别人的感觉，真的不重要，每个人站在不同的角度，感觉是不一样的。我觉得对一个企业来讲，别人出于什么样的心态说这件事情并不重要。对于我来说，我只关注消费者想要的产品和服务。

董明珠随后不断强调格力的创新精神：创新就是挑战自己、改变自己，最终实现了改变别人。

从董明珠的语气中，可以感觉到她对创新的理解和重视。而这一点其实也是互联网时代的精神内核，抓住了这一点等于抓住了新时代的脉搏，剩下的就只是具体的做法问题了，也就是要找到切入点。

而所谓的切入点，其中之一便是跨界合作。

当前，在中国家电产业"千亿俱乐部"中，除了海尔、格力、美的，还有即将跻身其中的海信、长虹、TCL 三家企业。这些家电巨头为了更好地在互联网时代继续保持企业规模和市场话语权，都眼光精准地瞄准了跨界合作。

首先是小米战略入股格力的"宿敌"美的，小米科技以 12.66 亿元入股美的集团，双方宣称将在智能家居产业链、移动互联网、电商业务以及智能家居生态链与移动互联网创新的共同投资等方面建立合作。

2013 年年底，海尔与阿里巴巴牵手，阿里以 28.22 亿港币投资海尔集团子公司海尔电器，双方将合资设立日日顺物流公司以打造大家电物流配送平台。

面对这场传统企业与互联网企业的跨界合作大潮，董明珠自然也不甘落后。

在某次媒体采访中，董明珠终于透露：格力和万达已达成战略合作，在双方合作基础上，可能以后其所有的电器产品都是我们提供的。

当然，除了跨界合作，自身的调整亦不可或缺。

2014 年 12 月 1 日，格力电器旗下电子商务平台"格力商城"正式上线，一向被外界质疑"电商慢行"的格力显然开始了互联网时代的精心布局。

格力商城不仅制定了明确的 3 年发展战略，表示要将其建成为符合互联网经济的独立运营体系，还为保障服务组建了 B2C 专业运营团队，形成以独立销售、共享物流服务为特点的运营机制，该平台计划在 3 年内成为国内最大的空调 B2C 网站。

完成一系列"转型动作"后，董明珠十分自信地宣称：一年以后，甚至不要一年时间，就会看到格力电器真正体现出的智能家居是什么样的，现在还带有一点商业秘密，也不太好讲得特别细，但相信有一天我们拿出来的东西，一定能让消费者感觉到是一种享受。

2015 年 1 月 9 日，格力电器在北京首都大酒店举行媒体见面会。

这次见面会上，董明珠亲自站台为格力的创新科技代言，并且再一次坚定地表示，不管什么样的挑战，她决不退缩！

董明珠就是这样，无论外界如何变幻，都坚持着她的信念。

斗争到底！

……